8 P
86.

(Réserve)

(Réserve.)

O. double,
1755.
H. +1.

C.

NOUVEAU

VOYAGE

DANS

L'AMÉRIQUE SEPTENTRIONALE,

EN L'ANNÉE 1781.

BIBLIOTHEQUE IMPÉRIALE

NOUVEAU VOYAGE

DANS

L'AMÉRIQUE SEPTENTRIONALE,

EN L'ANNÉE 1781;

ET CAMPAGNE

DE L'ARMÉE

DE M. LE COMTE DE ROCHAMBEAU.

A PHILADELPHIE,

Et se trouve à Paris,

Chez Moutard, Imprimeur-Libraire de la Reine,
de Madame, & de Madame Comtesse d'Artois,
rue des Mathurins, Hôtel de Cluni.

M. DCC. LXXXII.

NOUVEAU VOYAGE

DANS

L'AMÉRIQUE SEPTENTRIONALE,

EN L'ANNÉE 1781;

ET

CAMPAGNE

DE L'ARMÉE

DE M. LE COMTE DE ROCHAMBEAU.

Par M. l'Abbé ROBIN.

A PHILADELPHIE,

Et se trouve à PARIS,

Chez MOUTARD, Imprimeur-Libraire de la REINE,
de MADAME, & de Madame Comtesse d'ARTOIS,
rue des Mathurins, Hôtel de Cluni.

M. DCC. LXXXII.

TABLE
DES MATIERES.

Fin de la Table des Matieres.

NOUVEAU
VOYAGE
DANS
L'AMÉRIQUE SEPTENTRIONALE.

LETTRE PREMIERE.

A Boston, ce 14 Juin 1781.

ENFIN, Monsieur, j'ai franchi le vaste Océan, &, pendant quatre-vingt-cinq jours, j'ai senti ma demeure rouler & toujours ramenée à sa première position par son centre de gravité. Que d'efforts! que de temps il a fallu pour perfectionner ces machines énormes avec lesquelles les

A

hommes se jouent ainsi des flots! Nouveaux Eoles, ils rendent vaine la furie
des vents, ou les forcent à réagir dans
des directions presque opposées ; mais,
hélas! leur art savant n'a pas su encore
garantir le Voyageur de la défaillance
où son agitation le réduit. J'ai éprouvé
plus que personne cette maladie cruelle,
& malgré l'usage fréquent des acides, il
a fallu m'interdire toute espece d'occu-
pation. Languissant, resserré dans cette
espece de prison, n'entendant presque
du matin au soir que l'idiome barbare
des Marins, j'étois peu propre à sentir &
à méditer les beautés terribles de la mer ;
je la voyois avec indifférence s'agiter,
bouillonner, blanchir, se rouler en montagne, s'entrechoquer avec fureur, s'élan-
cer dans les airs en vapeur, traverser nos
vaisseaux en dérivant sur eux des arcs
menaçans ; ou bien s'abaisser, s'unir,
agrandir l'horizon, & ressembler bientôt
à une masse huileuse, ayant encore
un mouvement d'oscillation. Je n'ai pu

cependant ne pas être frappé des bluettes de lumiere que la moindre agitation en fait sortir dans l'obscurité : lorsque sur-tout le vent faisoit sillonner avec plus de rapidité le vaisseau, il sembloit alors plongé dans des torrens de phosphore enflammé ; je cherchois à deviner la cause de ce singulier & commun phéno-mene, dont je ne me rappelois pas avoir jamais ouï parler. Étoient-ce les sels dont les facettes réfléchissoient ainsi les rayons de lumieres ? Étoit-ce leur choc avec les parties sulfureuses qui enflammoient celles-ci, ou plutôt ce fluide igné, ce feu élémentaire, cause premiere de la fluidité des autres élémens ?

Nous dirigeâmes notre route vers le Sud, jusqu'aux environs du 30e degré de latitude. Les mers me parurent plus azu-rées, & receler plus abondamment de ce feu phosphorique ; nous y trouvâmes la dorade argentine, le vorace requin, & le poisson volant qui, pour lui échapper, retomboit aussi-tôt que l'air avoit desséché ſes ailes. Je ne connoiſſois pas la galere, quoiqu'aſſez commune ſur nos côtes; on en pêcha une, que j'examinai avec la plus impatiente curioſité : la Nature lui à donné une veſſie qui la fait ſurnager & lui ſert de gouvernail pour diriger ſa route; ſon enſemble eſt une maſſe viſ-queuſe dont je n'eus pas le temps de dé-mêler l'organiſation ; elle eſt pourvue de longs cordons garnis d'anneaux, que je crus deſtinés à lui ſervir d'agrès pour la rendre maîtreſſe des vents, pour la fixer quand il lui plaît, & pour pomper ſa ſubſiſtance. Je voulus la toucher, c'étoit où on m'attendoit ; j'éprouvai auſſi-tôt le ſentiment douloureux de la brûlure, & quarante-huit heures après, je reſſentois encore l'effet de ce pénétrant cauſtique.

Aimant à contempler dans nos belles nuits le ſpectacle majeſtueux des aſtres, l'ordre des cieux me parut tout dérangé; l'écliptique s'étoit éloigné de l'horizon, l'étoile polaire s'en étoit rapprochée, la grande ourſe avoit ſon coucher : ce qui

me furprit vraiment, c'eft que la voie lac-
tée avoit difparu, quoique je retrouvaffe
le cygne qui plane au milieu. Je voudrois
bien que les Phyficiens me dévoilaffent
ce myftere aftronomique, ceux fur-tout
qui veulent que ce foit un amas immenfe
d'étoiles, tandis que tous les autres corps
céleftes y font auffi vifibles qu'ailleurs.

Je ne fus plus étonné de l'idée des
Anciens, du coucher & du lever du foleil
dans la mer. Obligé, pour ma fanté, d'être
fouvent témoin de ce moment, il fem-
bloit fe détacher de l'horizon, & tomber
perpendiculairement dans fes flots ; l'œil
trompé croyoit voir l'horizon fe prolonger
au loin derriere lui.

La mer, comme vous le favez, a fes
végétaux particuliers ; il s'en faut bien
que la Nature ait mis dans leurs couleurs,
dans leurs formes, dans leurs propriétés,
l'agréable diverfité de celles de la terre ;
c'eft que cet élément n'étoit pas deftiné
à produire des êtres qui lui fuffent auffi
précieux. Ses plantes cependant retracent

toujours la main savante qui les forma; j'en voyois souvent la mer couverte, je les remarquois toutes, ayant, au lieu de racines fibreuses, des mains pour les rendre plus adhérentes aux rochers, une tige applatie, des feuilles épaisses pour résister mieux au choc des flots, & toutes pourvues, à très-petites distances, d'alvéoles presque vides d'air, qui par-là contrebalançoient leur pesanteur spécifique, & les forçoient à tendre toujours vers la surface de l'eau.

Rien ne peut exprimer l'émotion que me fit éprouver la vue de la terre; ce n'étoit cependant d'abord qu'un foible nuage à l'extrémité de l'horizon. Mais quel moment que celui où on va recommencer à jouir de sa santé, à se rapprocher des objets qui intéressent notre esprit, notre cœur, nos sens, à retrouver, au lieu de l'image de la destruction & du chaos, une nature par-tout organisée, à fouler l'herbe, à respirer le parfum des fleurs, à sentir l'ombrage des arbres, à entendre le chant des oiseaux, à les voir s'élever, fe balancer dans les airs ! c'eft la privation de ces chofes qui en fait mieux fentir la valeur, qui ouvre le cœur à la reconnöif-fance envers celui qui les produit. Un rameau chargé de feuilles, que je vis flotter, me fit treffaillir de joie. Nous avions déjà doublé le cap Anne, nous étions entrés dans la vafte baie de Maffachufets, nous voyions la mer fe brifer fur les rochers du cap Cod, & dans quelques heures nous devions être à Bofton, lorfque tout-à-coup une épaiffe brume nous enveloppe, nous mafque notre route au milieu des rochers: on mouille; mais bientôt après, un vent impétueux & contraire fait labourer nos ancres, rompt nos cables, nous menace de nous entre-heurter ou de nous brifer fur ces dangereux parages. La plupart des vaiffeaux s'éloignent de ce port fi defiré, & courent au large. Enfin, après deux jours d'incertitude, de périls, & pour moi de maladie, un bon frais nous ramene dans la rade de Bofton. De cette rade, femée d'iflots agréables, nous découvrons à travers des arbres, sur la côte occidentale, une magnifique perspective de maisons en amphithéatre, se prolongeant en demi-cercle dans l'espace de plus d'une demi-lieue; c'étoit-là Boston. Ces édifices élevés, réguliers, entremêlés de hauts clochers, nous parurent moins une colonie moderne qu'une antique cité, embellie & peuplée par le Commerce & les Arts.

L'intérieur de la ville répond à l'idée qu'on s'en est d'abord formée; une superbe jetée, s'avançant à près de deux mille pieds dans la mer, est assez large pour avoir sur toute sa longueur des magasins & des atteliers; elle communique à angle droit à la principale rue de la ville, qui, large & spacieuse, se courbe dans le sens de la rade; cette rue est garnie de belles maisons, élevées la plupart de deux ou trois étages; beaucoup d'autres petites rues viennent y aboutir des deux côtés. La forme des maisons est faite pour surprendre des yeux Européens; elles sont entièrement de bois, non pas à la maniere pesante & triste de nos anciennes villes, mais régulieres & bien percées; leur charpente est légere, bien liée, recouverte en dehors de planches minces & polies, superposées à la maniere des tuiles de nos toits; leurs dehors sont peints en gris, ce qui ajoute infiniment à l'agrément du coup-d'œil; les toits sont ornés de balustres, sans doute à cause des incendies; leurs fondemens sont appuyés sur un mur d'environ un pied de hauteur: on sent combien ces maisons doivent l'emporter sur les nôtres pour la salubrité.

Toutes les parties en sont tellement liées, & leur poids est si peu considérable relativement à leur masse, qu'on peut les changer de place; j'en ai vu de deux étages qui avoient été transportées à un demi-quart de lieue au moins (1). Ce qu'on nous raconte des habitations ambulantes des Scythes, est bien moins merveilleux. Leurs meubles sont simples, mais

____

(1) Toute l'armée Françoise a été témoin de la même chose à Newport.

de bois précieux, à là maniere Angloise,
ce qui ôte un peu de leur gaieté : les riches
couvrent leurs planchers de tapis de laines
ou de nattes, les autres de fable très-fin.
On y compte fix mille maifons, trente
mille habitans ; il y a dix-neuf temples
de toutes efpeces de Sectes ; ils font tous
propres, & plufieurs font très-beaux, fur-
tout ceux des Presbytériens & des An-
glicans ; leur forme eft un carré long,
orné tout autour d'une tribune, & garnis
de bancs uniformes; le pauvre comme le
riche y entend la parole de Dieu dans
une pofture commode & décente. Le jour
du Dimanche y eft obfervé avec la plus
grande rigueur ; toutes affaires, de quelque importance qu'elles foient, ceffent ;
on ne s'y permet pas même les plaifirs
les plus innocens. Bofton, cette ville fi
peuplée, où il regne toujours un grand
mouvement, femble défert ces jours-là :
on parcourt les rues fans appercevoir perfonne, & fi on en rencontre par hafard,
on n'ofe s'arrêter & fe parler. Un François

logé avec moi, s'avisa de jouër de la flûte ;
le peuple s'ameuta & alloit se porter à des
excès, si l'Hôte ne l'eût instruit de ce qui
se passoit. On n'entre dans aucune maison
sans y trouver tout le monde occupé à
lire la Bible ; c'est un spectacle bien touchant qu'un pere entouré de sa famille,
leur expliquant les vérités sublimes de ce
Livre sacré.

Personne ne manque d'aller au temple
de sa Secte ; il y regne un silence, un
ordre & un respect qu'on ne retrouve
plus depuis long - temps dans la plupart
de nos églises Catholiques. Le chant des
Pseaumes y est lent & majestueux. L'harmonie de la poésie, dans la Langue nationale, en augmente l'intérêt, & doit
contribuer à entretenir l'attention des
assistans.

Tous ces temples font dénués d'ornemens : rien n'y parle à l'imagination &
au cœur ; rien n'y rappelle à l'homme ce
qu'il vient y faire, ce qu'il est, ce qu'il
fera. La peinture ni la sculpture ne lui

retracent point ces grands événemens qui le rappellent à ſes devoirs, réveillent ſa reconnoiſſance; elles ne lui reproduiſent point ces pieux Héros qu'il doit admirer & s'efforcer d'imiter. La pompe des cérémonies ne lui peint point la grandeur de l'Être qu'il adore. Des proceſſions ne lui indiquent point l'hommage qu'il doit à celui par qui la Nature ſe vivifie, par qui les campagnes ſe couvrent de moiſſons & les arbres ſe chargent de fruits.

Les Quakers, encore plus ennemis du culte extérieur, ont même anéanti toute apparence d'hiérarchie : on cherche en vain, dans leur temple, le Miniſtre chargé ſpécialement de parler au nom de la Divinité. L'œil ne découvre qu'une aſſemblée ſilencieuſe, méditative, ſans aucune marque du motif qui l'a formée, juſqu'à ce que l'Eſprit-Saint s'emparant tout-à-coup d'un des aſſiſtans, l'échauffe, l'agite, en fait le Pontife du moment. Cet Eſprit-Saint eſt ſans acception d'âge, de condition, de ſexe. Celui qui ne s'eſt livré toute fa vie qu'aux occupations les plus groffieres, à qui la Nature a le plus étroitement circonfcrit le cercle de fes idées, devient tout-à-coup l'Oracle, l'Interprete des plus fublimes vérités du Chriftianifme. La principale vertu des Quakers doit être la patience ; leurs Orateurs infpirés la mettent fouvent à l'épreuve, & les femmes toujours dociles à cet Efprit-Saint, y font, dit-on, amplement ufage du don précieux de la parole.

Un culte fi extraordinaire ne pouvoit fe fauver du mépris & fe foutenir, fi fes Sectateurs ne s'étoient montrés plus fimples dans leur extérieur, plus humains envers les hommes, plus francs & plus défintéreffés dans la fociété. Mais cet enthoufiafme, le premier appui des Sectes, s'éteint ; il faut fe placer à cette époque, pour les juger.

Les Quakers ont pu faire fleurir ces vertus avec plus de fuccès & plus long-temps en Amérique, parce que le climat & la vie qu'ils y menoient les favorifoit.

La piété n'eſt cependant pas le ſeul motif qui amene en foule les Dames Américaines dans leur temple. Sans ſpectacle, ſans promenades publiques, c'eſt-là le théatre où elles viennent à l'envi étaler leur luxe naiſſant. Elles s'y montrent vêtues d'étoffes de ſoie, & ombragées quelquefois de ſuperbes panaches. Leur chevelure exhauſſée ſur des appuis, eſt à l'imitation de celles que nos Dames Françoiſes portoient il y a quelques années. Au lieu de poudre, elles les lavent avec l'eau de ſavon, ce qui ne leur méſied pas toujours, parce qu'elles les ont d'un blond agréable. Les plus recherchées commencent cependant à adopter la maniere Européenne. Elles ſont grandes, bien proportionnées ; leurs traits ſont généralement réguliers, leur teint eſt très-blanc, ſans couleur. Elles ont moins d'agrémens, moins d'aiſance que les Françoiſes, mais plus de nobleſſe ; j'ai cru même leur trouver quelque choſe de ce qui caractériſe ces chef-d'œuvres des Artiſtes de l'Antiquité parvenus jusqu'à nos jours. La taille des hommes y est également élancée & bien prise ; ils ont peu d'embonpoint, & leur teint est un peu pâle ; ils sont proportionnément moins recherchés dans leur parure que les femmes, mais très-propres. A vingt ans, les femmes n'ont déjà plus la fraîcheur de la jeunesse ; à trente-cinq ou quarente, elles sont ridées, décrépites. Les hommes se montrent presque aussi prématurés. J'ai présumé que le cours de la vie devoit y être moins long. J'ai parcouru tous les cimetieres de Boston ; on y est dans l'usage d'y mettre sur chaque sépulture les noms & les âges : j'y ai trouvé en effet que la vie du plus grand nombre des morts, dans la classe de la virilité, n'alloit guere qu'à cinquante ans ; j'en ai vu très-peu de soixante, presque pas de soixante-dix, & je n'en ai pas rencontré au delà (1).

____

(1) J'ai examiné avec le même soin tous les cimetieres depuis Boston jusqu'à Williamsburg, espace de près de trois cents lieues ; j'y ai trouvé les mêmes résultats.

Boston est situé sur une presqu'isle inclinée du côté de la mer. Cette presqu'isle ne tient à la terre que par une langue de la largeur d'un grand chemin dans les hautes marées ; ainsi il a fallu peu d'art pour rendre cette ville susceptible de défense. Il y a une éminence qui domine toute la ville ; les Bostoniens y ont placé une espèce de phare très-élevé, surmonté d'un barril de goudron prêt à être allumé en cas d'attaque : à ce signal, plus de quarante mille hommes prendront les armes, & seront aux portes de la ville en moins de 24 heures.

On découvre de là les ruines de Charles-Town incendiée par les Anglois le 17 Juin 1775, à la bataille de Bunkerkill ; spectacle attristant, fait pour nourrir, dans l'ame des Bostoniens, le sentiment de la liberté. Cette ville n'étoit séparée de la presqu'isle que par la riviere Charles : elle étoit située dans l'angle que forme la jonction de cette riviere avec la Mistic ; elle étoit bien bâtie, susceptible de fortifica-

tions ;

tions ; elle paroît avoir été auſſi grande que la moitié de Boſton.

La rade de Boſton, capable de contenir plus de cinq cents vaiſſeaux, n'a d'entrée ſûre qu'un canal à peine aſſez large pour trois vaiſſeaux. De fortes batteries établies ſur l'iſlot le plus voiſin, mettent la rade & par conſéquent la ville hors d'inſulte du côté de la mer. Les caps qui reſſerrent l'entrée de la baie, le cordon de rochers qui garnit le débouquement de la rade, & les iſlots dont elle eſt ſemée, ſont autant d'obſtacles qui diminuent, répriment la fougue des flots, & rendent cet abri un des plus ſûrs du monde.

Le commerce des Boſtoniens embraſſoit pluſieurs objets, & étoit très-étendu avant la guerre. Ils fourniſſoient à la Grande-Bretagne des mâts & des vergues pour ſa marine royale. Ils conſtruiſoient, par commiſſion ou à leur compte, un grand nombre de navires marchands, renommés pour la ſupériorité de leurs marches. Leur conſtruction eſt en effet ſi légere,

B

qu'il ne faut pas être grand connoiſſeur pour diſtinguer leurs navires au milieu de ceux de toutes les autres Nations. Ceux qu'ils frétoient à leur compte, étoient chargés, pour les iſles de l'Amérique ou pour l'Europe, de bois de charpente, de planches, de merrain, de poix, de goudron, de térébenthine, de réſine, de bœuf, de cochon ſalé, & de quelques pelleteries. Mais leur principal objet de commerce étoit la morue qu'ils pêchoient ſur leurs côtes, & particuliérement dans la baie de Maſſachuſet (1). Cette pêche alloit à cinquante mille quintaux, qu'ils exportoient dans les autres provinces de la Nouvelle-Angleterre, juſqu'en Eſpagne, en Italie, & dans la Méditerranée. Celle de la moindre qualité étoit deſtinée pour

____

(1) Le cap Cod s'avançant dans la mer comme un bras dont la main eſt recourbée, forme la baie; il a pris ſon nom de cette pêche; *Cod* en Anglois ſignifie morue. Les établiſſemens Anglois ont cela de particulier, leur nom, à la maniere des Anciens, indique preſque toujours ou les propriétés des pays, ou leurs ſituations, ou les époques de leurs découvertes.

les Negres des Ifles. Ils y employoient un grand nombre d'hommes, y formoient d'excellens Marins. La province de Maf-fachufet, une des moins riches pour le fol, fera toujours puiffante par cette branche de commerce ; & fi un jour ce nouveau Continent déploie des forces formidables fur les mers, c'eft de Bofton qu'on verra fortir les premieres. En échange de ces marchandifes, ils apportoient des vins de Madere, de Malaga & de Porto, qu'ils préferent aux nôtres, à caufe de leurs douceurs, & peut-être encore plus à caufe de l'habitude. Ils tiroient des Ifles une grande quantité de fucre dont ils font beaucoup d'ufage pour leur thé, que les Américains prennent au moins deux fois le jour ; ils en tiroient encore plus de melaffe dont ils diftilloient le rum, leur boiffon ordinaire. L'importation en étoit fi confi-dérable, qu'avant les troubles il ne valoit pas plus de deux fchellins le gallon (1).

____

(1) Le fchellin vaut environ 22 f. & $\frac{1}{2}$ de notre monnoie, & le gallon équivaut à peu près à quatre bouteilles de nos mefures.

Très-souvent ils vendoient en Europe les navires avec la cargaison, revenoient en Angleterre y acheter des objets manufacturés, qu'ils faisoient transporter sur des vaisseaux de la Nation. Ainsi la Mere-Patrie augmentoit, par le commerce des Américains, son numéraire, tandis qu'il ne produisoit à ceux-ci que des objets de consommation. Par ce double échange des Américains, les manufactures Angloises s'entretenoient avec éclat, quoiqu'elles ne pussent soutenir la concurrence avec celles des autres Nations par le prix excessif de la main d'œuvre.

Leur pêche, ces échanges, & le grand nombre de vaisseaux qu'ils construisoient, les avoit rendu les cabotiers de toutes les Colonies du Nord.

On compte que depuis 1748 jusqu'en 1749, il étoit sorti cinq cents vaisseaux de ce port pour le commerce étranger, en étoit entré quatre cent trente; on porte jusqu'à mille les bâtimens côtiers & pêcheurs. Il paroît cependant, d'après la remarque d'un Anglois, que leur commerce avoit décliné.

En 1738, on conſtruiſit à Boſton quarante-un navires, faiſant en totalité ſix mille trois cent vingt-quatre tonneaux; en 1743, il en fut conſtruit trente-huit; en 1746, vingt; en 1749, quinze, valant en totalité deux mille quatre cent cinquante tonneaux. Cette diminution du commerce de Boſton venoit probablement des nouveaux établiſſemens, qui, en ſe formant ſur ces côtes, attiroient à eux les différentes branches que leur ſituation rendoit plus favorable.

La grande conſommation des Américains pour le rum, a dû les porter à établir des relations avec les colonies Françoiſes : nos vins & nos eaux-de-vie nous rendant cette liqueur moins uſuelle, ils ſe flatterent d'en tirer la melaſſe à meilleur compte. Cette ſpéculation réuſſit au delà de leurs eſpérances ; ils n'avoient à donner en échange que des bois & quelques ſalaiſons. Le Gouvernement

B iij

Anglois s'apperçut bientôt du tort que fes propres Ifles en recevoient ; il prohiba ce commerce. Les Colonies fe plaignirent amérement qu'en les empêchant de tirer parti des productions de léur fol, on les mettoit dans l'impoffibilité de payer les objets d'utilité & de commodité, achetés à un prix exorbitant en Angleterre. Le Gouvernement prit un milieu ; il permit l'exportation des bois, & chargea d'impôts onéreux le fucre & toute importation étrangere : ce moyen ne réuffit point à appaifer le mécontentement des Colonies ; elles ne virent plus dans la Mere-Patrie qu'une avide & envieufe marâtre attentive à obftruer & à détourner vers elle les canaux qui leur portoient l'abondance & l'aifance. C'eft une des principales caufes de la méfintelligence entre l'Angleterre & fes Colonies : celles-ci dès-lors virent ce qu'elles gagneroient à l'indépendance, & la France y apperçut des avantages pour elle.

Des Presbytériens Irlandois, mécontens

de leurs Seigneurs, & attirés par la fimilitude des fentimens, y ont établi avec quelques fuccès des manufactures de toile, & ont fait quelques tentatives pour les draps; ceux qu'on y a fabriqués depuis, font ferrés, bien tiffus, mais durs & groffiers; leurs entreprifes pour les chapeaux ont également peu réuffi; ils font épais, fpongieux, fans confiftance; ils font infiniment éloignés de la beauté & de la folidité des nôtres..

La province de Maffachufet-Bay a des mines de fer & de cuivre; fon fer l'emporte fur tous ceux du monde, par fa qualité ductile & malléable.

On nous a montré en Europe les dangers phyfiques & moraux de l'éducation dans les grandes villes; les Boftoniens ont plus fait, ils les ont prévenus. Leur Univerfité eft à Cambridge, à fept milles de Bofton, fur les bords de la riviere Charles, dans une fituation riante & faine. Il y a quatre colléges bâtis en brique, de forme réguliere. Les troupes Angloifes s'y baraquerent en 1775, forcerent les Étudians & leurs Profeſſeurs à les abandonner. La bibliotheque monte à plus de cinq mille volumes; il y a une très-belle Imprimerie, conſtruite originairement pour un collége Indien. Afin de vous donner une idée du mérite des Profeſſeurs actuels, il ſuffit de vous dire qu'ils ont des correſpondances avec nos Savans de l'Europe, & que M. de Sewall, y profeſſant les Langues Orientales, eſt un de ceux dont l'Auteur du Monde primitif fait le plus grand cas; ils font jouer à leurs Éleves des Tragédies; le ſujet en eſt toujours national : tel que l'incendie de Charles-Town, la priſe de Burgoyne, la trahiſon d'Arnold. Vous préſumez que chez un peuple nouveau, ces Pieces doivent infiniment être éloignées de la perfection des nôtres; avec cela elles ont plus d'effet, parce qu'elles peignent des mœurs qui ſont les leurs, qu'elles rappellent des événemens qui les intéreſſent : c'eſt la Scene ramenée à ſon antique origine (1).

____

(1) On a borné nos Pieces de théatres, ou à des héros

Il est difficile de s'imaginer l'idée des Américains, avant la guerre, sur le compte des François; ils les regardoient comme

fabuleux dont les traits, les mœurs n'ont aucune ressemblance avec les nôtres, & dont les actions doivent nous inspirer peu d'intérêt, ou à quelque tableau de la classe de la société la moins nombreuse, celle des grands & des riches. La multitude ne peut y prendre intérêt que par les beautés accessoires, telles que la liaison des plans, le choix des situations, l'harmonie des vers, &c. Les Grecs, que nous avons infidélement imités, avoient été plus raisonnables; tous leurs sujets tenoient à leur mythologie, à leurs cultes, à leurs gouvernemens, & aux mœurs de tous les états; de là leurs Pieces se soutenoient souvent sans amour & sans beaucoup d'ensemble. On a crié à la dépravation du goût, à la perversité des mœurs, quand on a vu les Parisiens déserter les grands théatres & courir aux spectacles forains. On s'est trompé; ceux qui s'y porterent avec le plus d'affluence, étoient les gens les plus occupés, & par conséquent les moins corrompus. Ce n'étoit pas la licence qui les y attiroit, mais le plaisir de retrouver des tableaux qui leur ressembloient. Les choses ne nous intéressent qu'à proportion de leurs rapports plus ou moins éloignés avec nous. L'Artiste qui me peint l'embarras de Pâris entre la belle Hélene & l'impétueux Hector lui reprochant sa mollesse, me fait admirer son art savant dans la composition du sujet, dans la justesse du déssin, dans le ton & l'harmonie des couleurs : mais Greuze, peut être moins fini, moins régulier, me montrant un pere maudissant son fils, ne me laisse pas le temps d'admirer; je frémis.

aſſervis ſous le joug du deſpotiſme, livrés aux préjugés, ſuperſtitieux, preſque idolâtres dans leur culte , & comme des eſpeces de machines légeres, difformes, incapables de ſolidité & de conſiſtance, occupées uniquement du ſoin de friſer leur chevelure, de ſe colorer le viſage; ſans délicateſſe, ſans foi, ne reſpectant pas même les devoirs les plus ſacrés. Les Anglois s'étoient plu à répandre & à fortifier ces préventions; le Presbytérianiſme, ennemi implacable du Catholiciſme, avoit rendu les Boſtoniens, où cette Secte eſt dominante, encore plus diſpoſés à les croire.

Tout ſembla, au commencement de la guerre, les confirmer. La plupart des premiers François venus en Amérique, au bruit de la révolution, étoient des hommes perdus de dettes & de réputation, qui s'annonçoient avec des titres & des noms faux, obtenoient des grades diſtingués dans l'armée Américaine, recevoient des avances conſidérables, & diſparoiſſoient enſuite. La ſimplicité des Américains, leur peu d'expérience rendirent ces supercheries faciles. Plusieurs même de ces aventuriers y ont commis des crimes dignes des derniers supplices. Les premieres marchandises que les Bostoniens reçurent aussi de France, ont encore généralement contribué à les entretenir dans ces idées peu favorables de notre bonne foi & de notre industrie; actuellement même celles qui en viennent, se vendent, par cette raison, à un prix bien inférieur à celles de l'Angleterre de la même espece. A l'arrivée de M. le Comte d'Estain, le peuple fut très-étonné de ne pas voir des hommes si frêles & si difformes; il crut qu'on les avoit exprès choisis pour lui donner une idée plus avantageuse de la Nation : quelques figures enluminées, dont la toilette étoit un peu soignée, les persuaderent que nous faisions l'usage du rouge.

Malgré mon titre de François & de Ministre Romain, je reçois cependant tous les jours de nouvelles honnêtetés dans plufieurs bonnes maifons de cette ville; mais le peuple tient encore à fes premiers préjugés : j'en viens de voir, ces jours-ci, la preuve dans un événement qui a fervi en même temps à me faire mieux connoître leur caractere. Le feu prit à la maifon où j'étois logé; c'étoit celle d'un François : on fent quelle émotion cette vue dut caufer dans une ville bâtie en bois. Le peuple accourut en foule; mais dès qu'il fut chez qui, il refta fpectateur. Je fis fermer les portes, pour arrêter les courans d'air; je bouchai hermétiquement la cheminée où étoit le feu, avec un drap mouillé; j'y fis jeter de l'eau fans difcontinuer, pour entretenir fon humidité : les femmes de la maifon s'enflammerent à la vue de leur plancher inondé & fali; & fi je ne m'étois rendu maître, elles auroient préféré de laiffer accroître le danger.

Nous venons de recevoir la nouvelle de la prife de Saint-Euftache par les An-glois : l'avidité a fans doute plutôt infpiré cette entreprife, que la faine politique. Les

Américains, peu contens des premieres marchandifes Françoifes, alloient y acheter celles des Anglois, que ceux-ci, depuis la guerre avec la Hollande, y envoyoient fous pavillon neutre. Ils s'ôtent ainfi une branche importante de commerce, & forcent les Américains à avoir recours à nos productions, que l'expérience va leur apprendre à mieux juger.

L'arrivée de l'armée de M. le Comte de Rochambeau à Rhode-Ifland, y répandit la terreur ; elle trouva les campagnes défertes, & ceux que la curiofité amena à Newport (1) ne rencontrerent perfonne dans fes rues. Tous fentirent l'importance de diffiper ces préjugés, & mirent de l'amour-propre à y contribuer. Les Officiers fupérieurs établirent la difcipline la plus ftricte ; les autres Officiers em-

____

(1) C'eft la Capitale de cette province; la bonté de fon fol & la douceur de fon climat la faifoient appeler le Paradis de la Nouvelle Angleterre; fon commerce étoit très-floriffant avant la guerre : outre fes bois & fes falaifons, qu'elle exportoit dans les Ifles, elle y envoyoit encore beaucoup de beurre, de fromage, de volaille & de fuif.

ployerent cette politesse , cette aménité qui a toujours caractérisé la Noblesse Françoise : le Soldat même y est devenu doux, circonspect & modéré, & dans un séjour d'un an, il n'y a pas eu une seule plainte. Les François à Newport n'ont plus été cette Nation légere, présomptueuse, bruyante, fastueuse : aux fêtes près qu'ils donnoient, ils vivoient tranquilles, retirés , bornant leurs sociétés à celle de leurs hôtes, pour qui ils devenoient de jour en jour plus chers. Ces jeunes Seigneurs, que la fortune, la naissance, le séjour de la Cour devoient le plus attacher à la dissipation, au luxe, & à tout l'appareil de la grandeur, ont les premiers donné l'exemple de la simplicité & de la vie frugale ; ils se sont montrés affables, populaires, comme s'ils n'avoient jamais vécu qu'avec des hommes égaux. Cette conduite soutenue a opéré une révolution totale dans les esprits : les Tories mêmes (1) n'ont pu se défendre

____

(1) Tories veut dire Royalistes ; ce mot vient de la Langue Saxone.

d'aimer les François, en blâmant la caufe qu'ils foutenoient, & leur départ attrifte mille fois plus que leur arrivée n'avoit alarmé.

On a fait, il y a long-temps, aux François le reproche de ne pas toujours refpecter les nœuds les plus faints dans l'objet de leur galanterie. Newport en a fourni peut - être des exemples. On raconte qu'un Officier François parvint, par fes foins & fes affiduités, à toucher le cœur d'une Dame jeune & aimable. Son époux, qui l'aimoit tendrement, eut des preuves de ce nouveau penchant : pénétré de la plus vive douleur, il n'é-clata point en plaintes & en reproches ; la réputation de fon époufe coupable lui étoit encore chere ; il craignoit même qu'elle ne le foupçonnât inftruit. Si elle s'en doute, dit-il à fon ami, elle renon-cera à l'efpoir de regagner mon eftime ; elle eft perdue, je le fuis auffi : réveillons plutôt fa tendreffe ; ramenons - la à fes devoirs par le remords. Dès ce moment, il se rendit plus assidu, plus complaisant; avec la tristesse & le désespoir dans l'ame, il lui montra un visage serein & satisfait. Il accueillit avec honnêteté, avec égard l'Officier, objet de ses malheurs; mais, de concert avec son ami, ils lui ôterent, autant qu'ils purent, sans affectation, les entrevues particulieres. Ces contre-temps ne parurent au François que l'effet du hasard; il n'en eut pas moins d'humeur; il devint moins aimable, & l'époux le devenoit davantage. La vertu, qui n'avoit pas perdu tous ses droits sur le cœur de l'épouse séduite, ne tarda pas à la ramener. Une telle conduite suppose une grande connoissance du cœur humain, & encore plus d'empire sur soi-même.

L'armée partie du 9 Juin de Newport, pour aller, dit-on, du côté du Sud, est actuellement à Providence. Je pars pour l'y aller joindre; & si elle continue sa route, j'aurai à vous entretenir sur des objets plus intéressans.

Je suis, &c.

LETTRE

LETTRE II.

Du camp de Philisbury, ce 30 Juillet 1781.

J'AI trouvé, Monsieur, l'armée à Providence, campée sur une hauteur. Cette ville est considérable, assez peuplée, bâtie en bois & quelques belles maisons en brique; elle est sur l'embouchure de la rivière Patuxit, à la tête d'un golfe, entre les provinces de Massachuset, du Connecticut, de Rhode-Island. Cette situation la met en état de faire un commerce avantageux de froment, de maïs, de bois, de salaisons pour les Isles; on y construit aussi beaucoup de navires. C'est la capitale d'une Colonie du même nom, dépendante de la province de Rhode-Island. Un nommé Roger William, Ministre dans celle de Massachuset-Bay, banni par les Magistrats, pour prêcher des principes nouveaux, s'y retira avec ses sectateurs.

C

fonda cette Colonie fous le nom de Providence, afin de conferver la mémoire du traitement odieux qu'il avoit éprouvé. Il y vécut quarante ans, occupé du foin de faire fleurir cet établiffement, d'inftruire les Indiens, & écrivit quelques Ouvrages contre les dogmes, les ufages des Quakers. Sa conduite réguliere & bienfaifante força fes ennemis à fe repentir du traitement qu'ils lui avoient fait effuyer. Les Annales du Nouveau-Monde auront, Monfieur, comme vous voyez, à retracer des exemples d'intolérance parmi les peuples mêmes qui s'en montrent les plus ennemis.

Que les objets qui m'entourent font différens de ceux qui m'avoient occupé jufqu'à ce moment ! Elevé dans le paifible féjour des Sciences & des Arts, vivant avec ceux qui les cultivent ou les honorent, aimant à en faire l'objet de mes travaux & de mes plaifirs, je me trouve maintenant tranfporté au milieu du tumulte des camps, y étant dans l'agitation, y éprouvant mille besoins. C'est là où je suis à même d'apprécier les inventions utiles, d'avec celles qui ne sont que frivoles & curieuses. Une simple toile m'y sert d'abri contre l'intempérie des temps. Sans livres pour faire diversion à mes fatigues (1), j'écris souvent, faute d'encre, avec le suc du fruit d'une herbe : heureux encore si je pouvois y rester quelque temps tranquille! Mais non, dès deux heures du matin, les bruyantes roulades du tambour m'ordonnent de m'arracher de dessus mon dur grabat; il faut plier à la hâte ce logement ambulant, monter à cheval, & suivre à pas d'Ambassadeur la marche lente du fantassin courbé sous le poids de son sac. Arrivé au lieu destiné pour le camp, il faut encore attendre, pendant la

______

(1) La difficulté d'avoir suffisamment de voitures, & de faire exister les chevaux ou les bœufs, obligea M. le Comte de Rochambeau de ne laisser porter aux Officiers que cent cinquante livres pesant, y compris leurs tente, lit, &c. de sorte que dans une marche aussi longue, dans un pays où il y a si peu de ressources, presque tous ont manqué des choses les plus essentielles.

plus brûlante partie du jour, les voitures
porteufes de nos bagages. Le foleil a
quelquefois prefque terminé fa carriere
avant que nos débiles eftomacs aient
commencé leurs importantes fonctions :
étendu fur la poufliere, haletant de foif,
j'ai fouvent défiré, comme le riche,
qu'un autre Lazare trempât fon doigt
dans l'eau pour défaltérer ma langue
defféchée. Nos jeunes Chefs, élevés dans
l'aifance & la molleffe, fupportent ces
fatigues avec un courage qui me fait
rougir de ma foibleffe. Tandis que leur
table abondante & frugale offre aux Officiers une exiftence que le manque de do-
meftiques & de moyens rendroit prefque
impoffible, ils encouragent le Soldat en
marchant à leur tête à pied (1). Ce qui vous
étonnera, c'eft de retrouver toujours la
gaîté Françoife dans ces marches pénibles.
Les Américains, que la curiofité amene

---

(1) M. le Vicomte de Noailles a fait particuliérement la
route entiere à pied.

par milliers dans nos camps, y font reçus
avec alégreſſe : on fait jouer pour eux nos
inſtrumens militaires, qu'ils aiment avec
paſſion. Alors, Officiers, Soldats, Américains, Américaines, tous ſe mêlent &
danſent enſemble : c'eſt la Fête de l'égalité; ce ſont les prémices de l'alliance qui
doit régner entre ces Nations. Les peres
de famille s'attendriſſent à la vue de ces
ſcènes touchantes; eux qui, en apprenant
la marche de notre armée, avoient trem-
blé pour leurs poſſeſſions, pour eux-
mêmes (1). Le Soldat, ivre de joie, oublie
ſes fatigues du matin, & ne penſe pas
à celles du lendemain. Ces peuples, encore dans le ſiecle heureux où les diſ-
tinctions de la naiſſance & des rangs ſont
ignorés, voient du même œil le Soldat
& l'Officier, & demandent ſouvent à
celui-ci quel eſt ſon métier dans ſa patrie,
ne concevant point que celui de guerrier

─────────────

(1) Leurs gazettes n'ont ceſſé, pendant toute la marche
de l'armée, de faire l'éloge de ſa diſcipline.

puisse en être un fixe & permanent. Le titre de beau-frere du Marquis (1) a le plus excité leur curiosité & leur respect; ç'a été pour les jeunes Américaines une distinction flatteuse d'avoir dansé avec lui.

Quels que soient les succès de cette armée, elle aura toujours eu la gloire d'avoir fait, dans ces contrées, des impressions immortelles, & d'avoir à jamais rendu le souvenir du nom François précieux, ouvrage plus flatteur & peut-être plus difficile que celui de gagner des batailles & de faire des conquêtes.

Je ne m'attendois guere à retrouver des vestiges des modes Françoises jusqu'au milieu des forêts de l'Amérique; les coiffures de toutes les femmes, excepté celles des Quakers, y sont élevées, volumineuses, garnies de nos gazes : on se perd dans ses réflexions, en retrouvant, dans toute la province du Connecticut, un goût si vif

---

(1) Les Américains ne désignent pas autrement M. le Marquis de la Fayette.

pour la parure, je dirois même tant de luxe avec des mœurs si simples, si pures, qui ressemblent tant à celles des anciens Patriarches. Des légumes, du maïs, du laitage font leur nourriture la plus ordinaire. Ils prennent beaucoup de thé; l'usage de cette boisson insipide fait tout leur plaisir; il n'y a pas un habitant qui ne le prenne dans des porcelaines; la plus grande marque d'honnêteté pour eux est d'en offrir. Dans les pays où les hommes vivent d'alimens & de boissons très-substantiels, il peut être utile à la santé; mais je le crois nuisible dans ceux où ils ne se nourrissent presque que de végétaux & de lait, & sur-tout quand le sol, encore trop couvert de bois, les rend moins nourrissans : peut-être est-ce une des causes qui fait qu'avec une constitution bien conformée & une existence heureuse, ils vivent moins long-temps que les autres hommes. On attribue aussi au thé la perte de leurs dents; les femmes, ordinairement très-belles, y sont souvent, à dix-huit & vingt ans, déjà privées de ce précieux ornement ; je préfume que ce feroit plutôt l'effet du pain chaud : les Anglois, les Flamands, les Hollandois confervent leurs dents très-long-temps.

Les habitans du Connecticut, qui récueillent de fi beau froment, ignorent cependant l'art précieux de le rendre plus digeftif, plus nourriffant par le pétriffage & la fermentation ; chaque moment où ils en ont befoin, ils font une galette qu'ils mettent cuire à demi fur une plaque de fer. Les François, que la guerre amena en Amérique, ne pouvoient s'y accoutumer ; ils leur apprirent un peu à le perfectionner : on en trouve dans les auberges de paffable, mais encore très-inférieur à celui de notre armée. Les habitans un peu éloignés des routes confervent toujours leurs anciens ufages.

Difperfés dans leurs bois, ils n'ont guere de relation entre eux, que les jours où ils vont à leurs temples. Leurs maifons

font fpacieufes , propres , bien aérées ,
bâties en bois, ayant au moins un étage ;
ils y ont toutes leurs commodités ; j'y
ai retrouvé dans toutes, des marques de
leur génie induftrieux & inventif. Ils fa-
vent tous lire ; prefque tous ont la gazette
qui s'imprime dans leur bourgade, à qui
ils donnent fouvent le nom de Ville. Je
ne fuis pas entré dans une feule maifon,
fans y avoir trouvé la Bible, qu'ils lifent
les foirs & les dimanches en famille. Leur
caractere eft froid, lent, doux ; ils font
peu laborieux ; la terre fournit toujours
beaucoup au delà de leurs befoins ; ils vont
& reviennent de leurs champs à cheval,
& dans tous ces pays on ne rencontre
pas un voyageur à pied ; leur douceur de
caractere eft autant due au climat qu'aux
mœurs, car on la retrouve jufque dans
les animaux. Les chevaux, quoiqu'excellens, pouvant facilement faire tous les
jours, dans une longue route, foixante
milles (1), y font dociles ; on n'y en ren-

____

(1) A peu près vingt de nos lieues communes.

contre point de rétifs, d'ombrageux. Le chien y est caressant, timide ; les figures étrangeres n'ont rien à redouter de sa violence : j'observerai en passant, que sa voix est cassée & enrouée, ainsi que celle du coq. Les Américains sont grands hospitaliers ; ils n'ont qu'un même lit ; l'épouse chaste, fût-elle seule, le partage sans remords & sans crainte avec son hôte. Ce qu'on raconte de la vertu des jeunes Lacédémoniennes, est bien moins extraordinaire. C'est cette confiance dans la vertu publique, qui m'a fait rencontrer de Boston à Providence, des femmes, de jeunes personnes, voyageant seules à cheval, en cabriolet, à travers ces bois, même sur le déclin du jour.

Le pere de famille voit son bonheur, sa considération augmenter avec le nombre de ses enfans : il n'est point tourmenté de l'ambitieux désir de les placer dans un rang où ils pourront rougir de l'avoir pour pere. Elevés sous ses yeux, formés par ses exemples, ils ne couvrifont point sa vieillesse d'opprobre ; ils n'ameneront point les chagrins, les soucis, pour le traîner plus douloureusement au tombeau. Il ne craint point non plus que l'indigence l'entourant un jour, déchire ses entrailles paternelles, & fasse gémir sa tendre épouse d'avoir été féconde. Comme lui, ils borneront leurs soins, leurs plaisirs, leur ambition à élever, multiplier leurs troupeaux, à cultiver, agrandir leurs champs, leurs vergers.

Ces cultivateurs, plus simples que nos paysans, n'en ont ni la rusticité, ni la rudesse ; plus éclairés, ils n'ont ni leur souplesse, ni leur dissimulation ; plus éloignés des arts, moins laborieux, ils sont moins attachés à leurs antiques usages, plus adroits à perfectionner & à inventer ce qui tend à leurs commodités.

Ce pays est coupé d'une infinité de ruisseaux & de rivieres ; celle du Connecticut est la plus considérable de la province ; la ville d'Harfort, située sur ses bords, en est la capitale ; ce n'est encore que quatre ou cinq cents maiſons, occupant plus de deux milles de longueur. La riviere porte juſqu'à cette ville des bâtimens d'environ cent cinquante tonneaux. Le terrein y eſt léger, excepté vers la rive méridionale de la riviere ; il produit du maïs & beaucoup de froment, dont le pain eſt plus blanc que celui de France, & le goût excellent. Les Américains en faiſoient un commerce conſidérable avec les Iſles, où on préfere cependant celui d'Europe, étant plus farineux & ſe conſervant plus long-temps. Les bois y ſont plus légers que les nôtres, & durent moins ; leurs racines ſont preſque à la ſuperficie de la terre : ce ſol étant neuf, les parties végétales ſont plus abondantes à la ſurface, les racines s'y dirigent par conſéquent davantage ; de là elles reçoivent plus facilement les impreſſions du froid, du chaud, de la ſéchereſſe & de l'humidité, & ſont ainſi plus expoſées à s'altérer : j'ai remarqué en effet que les arbres périſſoient preſque toujours par leurs racines.

Je croyois que ces forêts, où la main
de l'homme n'avoit encore jamais porté
ſes coups deſtructeurs , m'offriroient à
chaque pas de ces arbres antiques dont
le tronc raboteux, noueux, creuſé, rongé
par les pluies & les frimas , n'élevoit
plus qu'une cime nue, aride, dépouillée
de ſes ſuperbes rameaux. Au lieu de cette
empreinte des temps, je n'ai retrouvé par-
tout que la fraîcheur & la vigueur de la
robuſte jeuneſſe. Les tiges rapprochées,
ſerrées, droites, élancées à perte de vue,
y ſont couronnées d'un vert plus foncé
que celui des nôtres. Le chêne y eſt ſur-
tout abondant : l'arbre le plus utile à
l'homme eſt l'arbre de tous les climats ;
j'y en ai remarqué de ſix ou ſept eſpeces ;
les feuilles des unes ſont larges avec des
découpures inſenſibles ; elles ſont plus
marquées dans d'autres ; quelques - unes
auſſi les ont ſi profondes qu'elles n'y laiſſent
que les principaux filamens ; j'en ai retrouvé ces jours-ci, où elles ſont longues
& étroites comme celles du pêcher. Le

monarque de ces forêts est le *tulipier* ou
l'arbre jaune; sa tête altiere domine sur
les plus hauts chênes, & ses rameaux
touffus, étendus, projettent au loin leurs
ombres; sa feuille compacte, mince &
unie, est en main, avec cette différence que la partie la plus alongée semble
avoir été coupée transversalement. Chaque feuille est originairement repliée dans
une enveloppe particuliere, formée seulement de deux autres feuilles ovales, se
touchant dans tous les points de leur
circonférence; cette maîtresse feuille les
sépare pour s'épanouir, comme celle de la
féve naissante en sépare les deux portions.
La tulipe, cette brillante fleur pour laquelle nos Fleuristes prodiguent leurs
soins & leurs peines, vient par milliers,
sur cet arbre majestueux, récréer la vue de
l'Américain, & parfumer l'air qu'il respire
à son ombrage. C'est de lui que les Indiens faisoient ces pirogues ou canaux
d'une seule piece : les Américains en font
encore à leur exemple. J'en ai vu capables

de porter plus de trente hommes. Propre à venir dans différens climats, il se plairoit infailliblement en France ; plus agréable à la vue que le maronnier, moins sale, il formeroit des massifs & des avenues aussi touffus, aussi élevés ; son bois seroit de la plus grande utilité dans la menuiserie. Le sasafia, arbrisseau aromatique, se rencontre dans tous les lieux aérés, exposés au soleil ; il borde les chemins, entoure les champs ; sa feuille ressemble à celle du figuier, moins grande, moins épaisse, d'un vert plus pâle ; il produit un petit fruit, dans un calice, laiteux quand il est vert, & violet dans sa maturité ; son odeur réside dans son écorce, & particuliérement dans celle de sa racine ; sa propriété est sudorifique. On prétend que les premiers Européens venus en Amérique, atteints de ce mal affreux dont les progrès ont été si funestes à l'Europe, en firent usage avec quelque succès. Nous avons trouvé sur les bords du Connecticut une espece de laurier rose, couvert de

fleurs qui offroient un coup-d'œil char-
mant. L'arbre à cire, qu'on rencontre par
intervalle, eft un laurier arbufte, dont
l'odeur a quelque chofe de notre laurier
commun, mais plus douce; fon fruit,
femblable à des grains de poivre, eft
couvert d'une matiere onctueufe, dont
on fait des bougies; on la détache &
on la recueille par l'eau bouillante : ces
bougies exalent, en brûlant, une odeur
fort fuave. Cette récolte demande trop
de foins, & eft trop peu abondante, pour
qu'elle puiffe jamais être une branche
de commerce.

L'érable y devient très-grand; c'eft
une des plus précieufes productions de
l'Amérique Septentrionale; on lui fait,
dans le temps de la féve, des incifions d'où
découle une liqueur qui, réduite, tient
lieu de fucre. Il reffemble parfaitement au
nôtre. Pourquoi a-t-il cette propriété dif-
tincte? Seroit-ce parce qu'il végete dans
un fol neuf où les fucs font plus qu'abondans pour fon accroiffement, ou peut-
être

être ignorerions-nous les propriétés du nôtre ?

Le châtaigner, le noyer y font auffi très-communs. Les efpeces de ce dernier font très-variées ; elles different par leurs feuilles & leurs fruits ; il y en a une dont le bois veiné fait de très-beaux meubles, & dont la fuperficie du fruit a l'odeur de citron. Toutes produifent des noix qu'on ne peut cerner, & extrêmement dures à caffer; on ne tire le fruit de leurs coquilles qu'avec peine, par petites parcelles, encore le goût en eft-il fort & défagréable.

On trouve auffi une efpece de cerifes à grappe, petites, & un peu ameres. La vigne qu'on n'a pas fu cultiver, même en Virginie, grimpe de tous côtés fur les arbres (1).

---

(1) J'en ai remarqué de deux efpeces générales ; l'une dont le fruit étoit compacte, charnu, & gros comme des petites prunes ; le goût en étoit d'une fadeur infupportable : je ne crois pas que la culture pût jamais en tirer parti. Le raifin de l'autre étoit petit, l'écorce dure, les pepins gros, confervant un goût de vert dans fa maturité : je fuis perfuadé que fi cette efpece étoit cultivée, elle fe perfectionne-

D

C'eſt à l'homme à multiplier, à féconder, à perfectionner les productions utiles
des contrées, en variant les ſols, en diri-
geant la féve par des tailles, en la mé-
langeant par des greffes. Nous devons à ces
heureuſes inventions le fruit des expé-
riences de tant de ſiecles, l'ornement &
l'opulence de nos jardins & de nos vergers. L'homme, quoi qu'on ait pu dire,
eſt le reſtaurateur de la Nature; il la vivifie, l'enrichit, l'embellit; le ſimple gazon
ne tapiſſe la terre que dans les lieux qu'il
a aérés; le timide oiſeau qui fuit ſa vue,
la bête fauve qui tremble à ſon approche,
n'habitent même que les lieux qui l'en-

---

roit. Les ceps que nous voyons en France, dans les contrées
vignobles, venir ſur les haies, ſans taille, ſans culture,
ne valent guere mieux. Les Anglois ont eſſayé des plantations de vignes en Virginie; elles n'ont point réuſſi:
au lieu d'aller chercher des plants dans les contrées éloignées,
& de les cultiver à la maniere de ces pays, il falloit ſe
borner à prendre celui que la Nature a fait naître dans le
pays même, & lui donner une culture convenable au climat.
Il y a tout à préſumer qu'il auroit réuſſi. Le Miniſtre Catholique Romain de Baltimore, dans le Maryland, m'a dit avoir
fait une plantation dans ce genre, dont il eſpéroit beaucoup.

tourent. Si la curiosité m'a quelquefois
fait pénétrer au loin dans ces sombres
forêts, je n'y entendois plus de chant, je
ne retrouvois plus de vestiges d'êtres ani-
més, je ne marchois plus que sur des
ruines de végétaux. Attristé de ce silence
lugubre, de ces objets qui ne me mon-
troient plus le domaine de mon semblable, je me hâtois de revoir des lieux
plus faits pour une ame sensible.

La connoissance des oiseaux de ce pays
sera une des parties les plus intéressantes
de son Histoire Naturelle. J'ai vu dans le
Connecticut une espece d'étourneau dont
le centre des ailes est d'un rouge foncé.
J'ai remarqué un oiseau de la couleur du
serin, un peu plus gros. Celui qu'ils appellent le rossignol de Virginie, plus
commun à mesure qu'on avance vers le
Midi, ne ressemble en rien au nôtre; il
est plus gros; sa tête & son ventre sont
d'un rouge semblable à celui du bou-
vreuil. Si la Nature l'a mieux partagé du
côté du plumage, il s'en faut de beaucoup

qu'elle lui ait donné un gosier aussi mélodieux. Le moqueur , presque de la grosseur d'une grive , tacheté de blanc & de gris , a le don d'imiter le chant de tous les oiseaux qu'il entend. L'oiseau mouche, qui, dit-on, ne vit que du suc des fleurs , y est très-rare; peu de personnes en ont vu.

Les écureuils y sont d'un gris cendré, plus gros que les nôtres, très-communs, & faciles à apprivoiser ; ceux qu'on appelle écureuils volans , sont d'un gris plus foncé, plus petits ; leur peau, large & lâche jusqu'aux extrémités des pattes, leur laisse la facilité de les écarter, en s'élançant d'une branche d'un arbre à un autre, & leur donne par conséquent une plus grande surface d'air pour les soutenir.

Le pays est plat de Boston à Providence; j'y ai rencontré des ruisseaux à qui nous donnerions le nom de riviere ; leurs lits, dans les endroits où je les ai passés, sont creusés dans des bancs de pierre siteuse, grise & rouge. J'ai trouvé quelques blocs d'argile pétrifié, renfermant des galets (ou cailloux roulés); en les frappant, ils se détachoient facilement, & y laissoient l'empreinte de leur forme.

La province du Connecticut est couverte de monticules; ils ne sont pas assez grands, le pays n'est pas assez découvert, pour saisir leurs directions générales : on ne peut les mettre, la plupart, que dans la classe de ceux que les Naturalistes appellent secondaires. Coupés souvent pour adoucir les pentes des chemins, ils ne m'ont paru que formés d'amas de pierres de différentes especes, de différentes grosseurs, ayant les angles brisés & effacés; beaucoup ont plus d'un pied cubique de masse, plusieurs trois ou quatre ; leurs interstices sont remplis de terre végétale, peu adhérente. La superficie du sol est couverte des mêmes pierres ; les bois, les champs en sont hérissés ; les habitans les accumulent ou les entassent négligemment, en forme de mur, sur les bords de leurs possessions. Ces pierres,

D iij

d'après l'expérience que j'en ai faite à l'eau-forte, sont, en grand nombre, graniteuses; très-peu sont purement calcaires; il y en a de spath pur; beaucoup ont du mica, & d'autres des parties ferrugineuses sur lesquelles l'aimant agissoit.

La province de New-Yorck, encore plus montueuse, & le territoire de Philisbury où nous sommes actuellement campés, m'ont présenté les mêmes objets. Tant de millions de ces pierres, amoncelées, éparses dans l'espace de plus de deux cents milles, sont les monumens les plus authentiques, les plus évidens du long séjour des eaux dans ces contrées. Des torrens & des rivieres n'ont pu les arrondir ainsi, les mélanger, les accumuler; la mer seule a pu lentement les séparer, les charier, les réunir, & leur imprimer ces formes générales par les frottemens. Quelque attention que j'aye apportée, je n'ai trouvé jusqu'ici aucuns vestiges de pétrifications d'animaux, d'arbres, & de coquillages. La riviere du

Nord, m'a offert, dans son lit, moins de granits, mais plus de marbres, de grès & d'ardoises. Nous retrouvons près de New-Yorck les traces affligeantes de la guerre, des habitations pillées, ruinées, abandonnées, ou brûlées. Ces Américains, doux, pacifiques, bienfaisans, y sont devenus durs, sanguinaires, & rapineurs; l'esprit de parti a allumé entre eux des haines; ils s'attaquent, se volent tour à tour, détruisent les habitations, ou en chassent, pour s'y établir, ceux qui en ont déjà chassé d'autres (1). La guerre, ce fléau si terrible aux Arts & à la population, l'est encore plus aux mœurs, parce que leur altération est plus difficile à réparer. Je suis, &c.

---

(1) Quelques-uns d'eux, postés en embuscade, tirerent sur deux Aides de Camp, & sur M. Berthier, Aide-Maréchal des Logis, allant à la reconnoissance de New-Yorck : ceux-ci les poursuivirent, en prirent un, & M. Berthier en tua un autre. Nous sommes redevables à ce Militaire & à son frere * que M. de Rochambeau a depuis nommé aussi Aide-Maréchal des Logis, d'un Plan géographique de toute la marche de l'armée ; morceau d'autant plus précieux, qu'il n'existe encore aucune Carte exacte de ces pays.

* Ces jeunes Officiers sont fils de M. Berthier, Chevalier de l'Ordre du Roi & de celui de Saint-Louis, Gouverneur de l'Hôtel de la Guerre.

LETTRE III.

Du camp de Philisbury, ce 4 Août 1781.

LE premier objet de notre marche avoit, Monsieur, pour but de nous réunir à l'armée de Washington ; cette réunion s'est effectuée à Philisbury. Les Américains y sont arrivés en même temps que nous ; ils étoient auparavant retranchés sur les montagnes de West-Point, dominant la riviere du Nord. Le fleuve se resserrant beaucoup dans cet endroit, les Américains y ont construit sur les deux rives, des forts dont les batteries se croisent. Le fort du côté gauche est placé sur une langue de terre, avancée dans le fleuve, défendue à l'Est par des marais, ouvert seulement du côté du Nord. Une armée y seroit hors d'attaque contre des forces beaucoup supérieures ; & les batteries des forts empêchent les vaisseaux d'oser remonter jusqu'à cette hauteur ; position d'autant plus importante pour les Américains, que les Anglois, maîtres aujourd'hui de New-Yorck, le font par conséquent de l'embouchure de la riviere du Nord.

Comme Alliés, nous fommes campés à la gauche des Américains; leur droite eft appuyée fur la riviere du Nord au bas du Dobbs, & notre gauche l'eft à la petite riviere de Bruny. La pofition des armées eft fur des hauteurs confidérables; un profond vallon les fépare. Nous ne fommes pas à plus de quinze milles de New-Yorck; il nous a fallu, pour y arriver, longer l'Ifle & traverfer des pays remplis de réfugiés. L'armée Françoife étoit d'abord divifée, dans fa marche, par régiment; aux approches de la province de New-Yorck, elle s'eft réunie en brigade. Forcée de marcher fur une feule colonne, de faire traîner fes bagages par des bœufs, elle étoit lente & embarraffée, & occupoit une étendue de plufieurs milles. On avoit à craindre, dans des pays montueux & encore très-couverts,

que des partis ne vinſſent tomber ſur les
bagages & artillerie, ne les brûlaſſent, ne
coupaſſent les jarrets aux bœufs & aux
chevaux avant qu'on pût y porter des ſecours. Ces pertes auroient été irréparables. Les Anglois, très - intéreſſés à
empêcher notre jonction, n'ont cependant fait aucun mouvement.

Une marche de deux cent quinze milles,
faite par des chaleurs exceſſives dans un
pays preſque ſans reſſources, où le Soldat
manquoit ſouvent de pain & étoit obligé
de porter ſes proviſions de pluſieurs jours,
a cependant donné moins de malades que
les garniſons Françoiſes. Les attentions
des Officiers ſupérieurs y ont, il eſt vrai,
infiniment contribué, en ne permettant
pas aux Soldats de boire de l'eau qu'il n'y
eût du rum, pour lui ôter ſa qualité mal-
faiſante. M. le Comte Saint-Maime (1)
envoyoit, en avant, à chaque halte, à
chaque campement, acheter des barriques

____

(1) Colonel-Commandant de Soiſſonnois.

de cidre, & le faifoit diftribuer à fa troupe
à un très-bas prix. Cet exemple, fuivi enfuite par les autres Corps, produifit l'effet
le plus avantageux.

Les Anglois, depuis notre campement,
voulant intercepter les convois que nous
tirions par le haut de la riviere du Nord,
ont fait monter une frégate de vingt canons & quelques floops jufqu'à Tury-
Thown, village fitué à fix milles fur le
flanc droit du derriere de l'armée. Deux
cents hommes ont tenté de defcendre:
les premiers débarqués ont eu le temps
de mettre le feu, à quelques affûts de canons, à un bateau, & d'en amener un
chargé de fix mille rations de pain; mais
un Sergent de Soiffonnois & douze Soldats ont forcé les uns à fe rembarquer, &
font entrés dans l'eau jufqu'à la ceinture,
pour les pourfuivre & empêcher la def-
cente des autres. Ce premier effai, en
Amérique, des armes Françoifes, avertit
les Anglois de ce qu'ils auroient à craindre
d'un Corps entier. Les Chefs fe font em-

preſſés de donner des éloges à ces braves Soldats : ,, Mon Général «, a répondu le Sergent à M. le Baron de Viomeſnil qui le louoit de ſa conduite, ,, je ſuis ,, redevable aux avis de mon Caporal, de ,, ce que j'ai fait, ainſi qu'à ſa bravoure, ,, qui m'a parfaitement ſecondé «. Le courage n'eſt pas une vertu ſi rare en France ; la modeſtie l'eſt un peu plus ; c'eſt en donner une preuve dans une circonſtance bien délicate pour un guerrier. J'ai, je vous l'avoue, entendu avec peine un Officier ſupérieur blâmer les éloges qu'on leur donnoit, & ſe récrier ſur ce que M. le Baron de Viomeſnil les avoit invités à dîner avec lui. La vertu pourróitelle jamais être trop honorée & trop récompenſée?

On monta à la hâte des batteries au bas de Dobbs ; elles firent eſſuyer aux Anglois, quand ils deſcendirent, une canonnade très-vive : une obuſe mit le feu aux voiles de la frégate ; la terreur ſe répandit dans l'équipage ; vingt-deux hommes se jeterent dans l'eau, la plupart s'y noyerent.

Le Général Washington a voulu faire une reconnoissance des fortifications de New-Yorck : deux mille François & deux mille Américains se sont mis en marche pour la couvrir, & se sont trouvés, à la pointe du jour, à la portée du canon des retranchemens de l'ennemi : ils y ont resté pendant deux jours ; les Anglois se sont contentés de tirer du canon & d'observer.

J'ai vu Washington, cet homme, l'ame, le soutien d'une des plus grandes révolutions qui soient jamais arrivées. Je l'ai fixé avec l'attention qu'inspire toujours la vue des grands hommes : il semble qu'on croie retrouver dans leurs traits des traces du génie qui les distingue & les éleve au dessus de leurs semblables. Washington est fait, plus que personne, pour entretenir cette opinion : d'une stature grande, noble, bien proportionnée, d'une phy-sionomie ouverte, douce, tranquille, d'un extérieur simple & modeste, il frappe, intéreffe François, Américains, ennemis même. Placé à la tête d'une Nation où chaque individu partage l'autorité fuprême, où les loix coactives font prefque encore fans vigueur, où le climat, les mœurs donnent peu d'énergie, où l'efprit de parti, l'intérêt particulier, la lenteur, l'indolence nationale ralentiffent, fufpendent, renverfent les mefures les mieux concertées ; il a fu former des troupes à la fubordination la plus abfolue, les rendre jaloufes de fes éloges, leur faire craindre jufqu'à fon filence, prolonger leur confiance même après des défaites, parvenir à la réputation la plus brillante, obtenir le pouvoir le plus étendu, fans irriter l'envie, fans faire naître de foupçons ; fe montrer par-tout fupérieur à la fortune, développer toujours dans l'adverfité des moyens inconnus, &, comme fi fes facultés s'agrandiffoient avec les difficultés, n'avoir jamais plus de reffources qué quand il fembla n'en plus avoir ; ne porter jamais aux ennemis des coups plus redoutables que quand ils l'ont eu vaincu ; exciter l'enthoufiafme du peuple, qui en eft le moins fufceptible ; capter les refpects, les hommages de ceux qui avoient le plus d'intérêt à les lui refufer ; conduire fes projets par des moyens qui échappent même à ceux qui en font les inftrumens ; intrépide dans les dangers, & ne les cherchant que quand le bien de la Patrie l'exige ; préférant de temporifer & d'être fur la défenfive, parce qu'il doit tout attendre du temps & qu'il connoît le génie de fa Nation ; économe, fobre pour lui, & prodigue pour la caufe publique : comme Pierre le Grand, il a, par des défaites, conduit fes troupes à la victoire; comme Fabius, mais avec moins de reffources & plus d'obftacles, il a vaincu fans combattre, & fauvé fa Patrie. Telle eft l'idée qu'on fe fait de ce grand homme en le voyant, en examinant les événemens où il a eu part, en écoutant ceux qui l'approchent de plus près : fa vue eft, dans toutes ces contrées, celle d'un Dieu bienfaifant ;

vieillards, femmes, enfans, tous courent sur son passage avec un égal empressement, se félicitent de l'avoir vu : on le suit dans les villes avec des torches ; on fête son arrivée par des illuminations publiques : l'Américain, ce peuple froid, qui, jusqu'au milieu des troubles, n'a jamais suivi que l'impulsion de la méthodique raison, s'est animé, s'est enflammé pour lui, & les premiers chants que le sentiment lui a dictés, ont été pour célébrer Washington.

On ignore à combien peut monter au juste son armée, on la croit de quatre à cinq mille hommes. Ce Général a toujours eu l'art d'en cacher le nombre à ceux même qui la composent : tantôt avec peu de troupes il forme un camp spacieux, augmente ses tentes ; tantôt avec un plus grand nombre, il les diminue & se resserre ; tantôt par des détachemens insensibles, le camp ne renferme plus qu'un simulacre d'armée, & le principal corps se trouve transporté au loin.

Ces

Ces troupes n'ont pas encore d'uniformes réguliers ; les Officiers & le Corps d'artillerie font les feuls qui en aient ; plufieurs régimens ont des petites cafaques blanches avec des franges , dont l'effet eft affez agréable ; des pantalons de toile, aifés, larges, ne les incommodent point dans les chaleurs , & ne gênent point le jeu des membres dans la marche ; avec une nourriture moins fubftantielle, un tempérament moins vigoureux que les nôtres , elles en fupporteroient peut-être mieux , par cette feule raifon , les fatigues. On n'a point affez fenti en France cet avantage : on a trop facrifié au coup-d'œil ; on a oublié que les troupes étoient faites pour agir & non pour fe montrer. L'habillement le plus parfait feroit celui qui , avec le plus de légéreté poffible, couvriroit le mieux le Militaire & le gêneroit moins. Soiffonnois a eu, dans cette marche, moins de traîneurs, moins de malades ; une des principales caufes eft fans doute due à la précaution du

E

Colonel, qui avoit fait faire pour la campagne des culottes de toile à tout ce régiment.

Ces habillemens Américains, très-saliſſans, ſont cependant entretenus propres : on remarque cette propreté ſur-tout parmi les Officiers : on ſuppoſe, en les voyant, qu'ils ont un train d'équipage conſidérable. J'ai été très-étonné, en ne trouvant dans leurs tentes, habitées par trois ou quatre, pas quarante livres peſant : aucuns preſque n'ont de matelas ; une ſeule couverture étendue ſur l'écorce raboteuſe d'un arbre, leur ſert de lit. J'ai remarqué la même attention dans leurs Soldats à ne pas coucher ſur la terre, tandis que les nôtres le préferent.

Leur maniere de vivre demande peu de ſoins ; ils ſe contentent de faire griller leur viande, de faire cuire ſur la cendre de la pâte de maïs ou de froment ſans être levée.

Ils ont, dans quelques régimens, des compagnies de Negres ; mais toujours commandées par des Blancs.

La difcipline eft très-févere ; le pouvoir des Officiers fur les Soldats très-étendu ; ils fuftigent pour des fautes légeres : j'ai, par hafard, été témoin, avec quelques Officiers François, de cette rigoureufe punition : le coupable eft attaché à une roue d'affût de canon, les épaules nues, les bras tendus en avant, afin de donner plus de tenfion aux mufcles ; chaque Soldat de fa compagnie le frappe alternativement un certain nombre de coups avec une groffe baguette ; il eft bien-tôt inondé de fang : ce qui nous a étonnés & ce qui nous a retenus plus long-temps à ce douloureux fpectacle, c'eft que deux de ces malheureux à qui nous avons vu fubir la même peine, n'ont pas pouffé une feule plainte, un feul foupir, & n'ont pas marqué le plus petit frémiffement. Eft-ce courage ? eft-ce fenfibilité phyfique, moins grande dans un peuple où l'air des forêts, l'ufage du thé, du lait ramolliffent prodigieufement les fibres ?

E ij

Malgré l'acte d'apparition qu'ont fait les Généraux devant New-Yorck, on est fort incertain des projets de la campagne: quelques personnes disent qu'on montre les François aux Américains fatigués de la guerre & mécontens de notre inaction, seulement pour ranimer leur courage. On dit aussi que depuis la défection d'Arnold, Washington, peu tranquille sur la fidélité de ses propres troupes, a résolu de confier l'important poste de West-Point aux François. Les vûes de ce Général se portent sûrement plus loin. Nous avons appris que M. de Barras, commandant notre escadre mouillée encore à Rhode-Island, a reçu des nouvelles de M. de Grasse, & lui envoie une frégate chargée de Pilotes de ces parages ; c'est annoncer qu'on en veut à New-Yorck. Cette Isle est le magasin général des Anglois ; c'est le centre de leurs opérations; elle les met en état de communiquer facilement du Nord au Midi, de menacer l'intérieur des terres par le moyen de la riviere du Nord;

d'empêcher les forces feptentrionales de fe porter au Sud : c'eft d'ailleurs une retraite sûre pour les flottes, d'où elles peuvent combiner leurs opérations pour les Ifles. Sa prife feroit un coup décifif : il faudroit que les Anglois renonçaffent dès ce moment à l'efpoir de foumettre leurs Colonies, &, dans l'épuifement où ils font, ils ne pourroient réparer la perte des magafins & des troupes qu'ils y feroient. Charles-Town, Savanah ayant à fupporter tout le poids des forces continentales, ne pourroient fe foutenir ; leurs Ifles, moins à portée de recevoir des fecours, fe trouveroient beaucoup plus expofées.

D'un autre côté, New-Yorck eft très-fortifié par mer & par terre ; fes points de défenfes font très-étendus ; il eft défendu par les meilleures troupes de la Grande-Bretagne ; on y compte jufqu'à quinze mille hommes, y compris les troupes du pays (1). Ainfi, pour former ce fiége,

____

(1) Des perfonnes très-inftruites, en Angleterre, m'ont encore affuré de ce fait.

il faudroit, outre des forces maritimes fu-
périeures, au moins trente mille hommes.
Notre armée combinée ne va pas à dix
mille : on pourroit, il eſt vrai, aſſembler
les Milices; mais qu'eſt-ce que des troupes
indiſciplinées, qui n'ont qu'un temps limité
de ſervice, devant des troupes régulieres,
aguerries par ſix ou ſept campagnes, &
fortement retranchées? L'armée Françoiſe
même, quelque brave & bien diſciplinée
qu'elle ſoit, eſt compoſée de troupes dont
le très-petit nombre a fait la guerre.
Ce ſiége, dans tous les cas, ſeroit long,
& l'eſcadre de M. de Graſſe ne peut partir dés Iſles qu'à l'hivernage, & reſter ici
que pendant ce temps, autrement elle
manqueroit ſes opérations projetées, &
expoſeroit nos poſſeſſions.

Si d'ailleurs cette importante opération
échouoit, tout ſeroit perdu ; les Américains épuiſés, ébranlés par la défection
d'Arnold, ſoupirant après le repos, ne
voyant en nous qu'un Allié foible, per-
droient courage, tourneroient leurs re-

gards vers la paix, & peut-être chercheroient à l'acheter à quelque prix que ce fût.

Le Sud est plus probablement le véritable objet de la campagne; ses provinces éprouvent, depuis long-temps, tous les malheurs de la guerre; des armées ennemies & amies les dévastent tour à tour. La Virginie vient d'être le théatre des horreurs d'Arnold; & Cornwallis, inquiété par notre marche, a quitté Charles-Town, a traversé, avec un grand corps de troupes, les Carolines, la Virginie, en a pillé les habitations, en a emmené les Negres, & a ensanglanté sa marche par des meurtres. Tant de malheurs les ont abattues & disposées à tout faire pour s'y soustraire. L'arrivée de nos troupes peut seule les délivrer de l'oppression & ranimer leur courage.

Un Guerrier, à la tête de douze ou quinze cents hommes, se soutient cependant en Virginie, sans que l'impétueux Arnold & l'actif Cornwallis aient osé rien entreprendre contre lui. Vous fuppofez fans doute qu'un tel Guerrier eft un de ces hommes qu'une longue expérience, que des fuccès éclatans & foutenus ont rendu depuis long-temps redoutable. Ce Guerrier eft un homme de vingt-quatre ans, qui s'eft échappé des bras d'une époufe tendre & aimable, du féjour des plaifirs & de la grandeur, où fon nom, une alliance illuftre devoient fans peine lui frayer le chemin des dignités, pour venir, fous le Fabius de l'Amérique, défendre la liberté & apprendre à fervir fa Patrie; & déjà le mot de *Marquis*, qui tant de fois a fervi chez nous à caractérifer la légéreté & la frivolité, eft devenu pour les Américains un figne chéri qui excite leur admiration & leur reconnoiffance.

Le projet de diriger les opérations de ce côté, feroit moins hardi, moins décifif, mais plus urgent & plus fûr : on mande que Lord Cornwallis fe fortifie à Yorck, petite ville de la Virginie fituée fur la riviere de ce nom. Cette nouvelle exalte nos têtes Françoises, qui, d'après l'annonce de l'arrivée de M. le Comte de Grasse, ne croient plus que la campagne puisse se terminer sans événemens. Plusieurs Officiers ont employé les loisirs de l'hiver dernier à voyager dans ces contrées. Un d'eux, connu pour être très-instruit dans tout ce qui a rapport à son métier, & qui n'a pas fait ce voyage avec le moins de fruits (1), a vu Yorck; il le juge peu susceptible de fortification, & sans débouché pour faire une retraite ; de sorte qu'avec une escadre maîtresse de la baie de Chésapéack, il ne pourroit échapper. Il est difficile de croire que Cornwallis, qui connoît si parfaitement le pays, qui s'est acquis tant de réputation dans cette guerre, & qui d'ailleurs n'ignore pas les mouvemens de nos armées, ait été prendre une telle position sans avoir des moyens sûrs. Un

---

(1) M. de Saint-Victor, Capitaine au régiment de Soissonnois.

ennemi nʼeſt ſouvent jamais plus à craindre que quand il a lʼair de donner des
avantages ſur lui.

La ſaiſon sʼavançe, on ne peut être
long-temps dans lʼincertitude. A ma premiere Lettre, jʼaurai ſûrement des nouvelles plus poſitives à vous donner.

Je ſuis, &c.

LETTRE IV.

Du camp de Philisbury, ce 15 Août 1781.

LE Général Washington & M. le Comte de Rochambeau ont passé ces jours derniers la riviere du Nord, & ont été faire des reconnoissances. Ceux qui vouloient qu'on allât en Virginie, commencent à craindre de s'être trompés : on fait préparer les routes en deçà, du côté de King-Bridge ; on a donné aussi des ordres pour les faire préparer de l'autre côté, vers Staten-Island, & même pour y faire construire des fours ; & cependant on va travailler aussi sur celles de Philadelphie. Que croire ? Ceci ressemble aux actions théatrales : l'intérêt & l'embarras des spectateurs vont toujours en s'augmentant ; le dénouement y répondra-t-il ? Staten-Island (Isle des États) est, dit-on, gardée par huit ou neuf cents hommes de troupes réglées ; sa prise seroit un heureux début ; elle

n'eſt ſéparée que de ſept à huit milles
de Long-Iſland. Ce voiſinage gêneroit infiniment les Anglois, & nous mettroit
à même de faire plus facilement des tentatives ſur la grande Iſle. Les troupes ſont
pleines d'ardeur & de confiance ; leurs
Chefs ſont faits pour leur en donner; la
préſence de Washington l'augmente par
l'idée qu'on a de ſes talens, de ſes connoiſ-
ſans locales du pays , & par le voile
impénétrable ſous lequel il médite &
prépare ſes projets. On dit que l'armée
fera un mouvement ces jours-ci; il nous
mettra à portée de ſavoir mieux où on en
veut venir.

Je ſuis, &c.

LETTRE V.

De Prince-Town, ce 1er. Septembre 1781.

ENFIN, Monsieur, l'armée est partie le 19 de Philisbury; elle a fait un mouvement rétrograde; elle est revenue à North-Castle, distant de vingt-deux milles : une pluie considérable a rendu cette marche infiniment pénible; au lieu d'arriver à dix ou onze heures du matin, elle n'est arrivée qu'à huit du lendemain; Officiers, Soldats ont passé la nuit dans les chemins par un temps déplorable, ayant de l'eau jusqu'à moitié de la jambe. Je n'ai pas été moi-même exempt de cette calamité générale. J'avois imprudemment gagné les devants par une route infestée de réfugiés, qui ne font aucun quartier aux François. Un domestique ne s'en est derniérement échappé, que parce qu'il étoit armé; ils ont pendu le Secrétaire d'un de nos Commissaires, & ont assasfiné un Officier de la légion de Lauzun. J'ai crains, je vous l'avoue, en me trouvant feul & fans défenfe dans ces bois, de groffir le nombre des victimes de ces anti-républicains. Je fuis heureufement arrivé au camp ; fans tente, fans abri, j'ai paffé la nuit couché auprès d'un grand feu, brûlant d'un côté & inondé de l'autre : j'ai trouvé le moyen d'y dormir quelques heures. Combien de vos opulens oififs, fous leurs lambris dorés & fur leur moëlleux édredon, n'ont pu en faire autant! Les habitans étoient très-étonnés de nous voir revenir fi promptement fur nos pas. Les Torys nous demandoient malicieufement fi nous allions nous repofer de nos travaux : ils n'ont pas tardé à reconnoître la feinte ; nous nous fommes rapprochés plus haut de la riviere du Nord, & nous l'avons paffée en trois jours au bac de Kings. Les Américains ayant longé la riviere, y étoient arrivés avant nous.

On a prétendu que fi les Anglois avoient fait remonter des bâtimens armés, ils

auroient pu nous retarder beaucoup &
nous nuire infiniment. La marche rétrograde que Washington nous a fait faire,
a sans doute eu pour objet de les détourner de cette idée. D'ailleurs, d'après l'expérience qu'ils avoient faite de l'adresse de
nos artilleurs, ils auroient eu beaucoup à
craindre pour leurs bâtimens, sur-tout
s'il étoit survenu des calmes ou des vents
contraires.

L'armée combinée a traversé la province de New-Jersey, traînant sur des
voitures une grande quantité de bateaux,
menaçant toujours Staten-Island : elle
marchoit sur deux colonnes, & les Américains formoient celle du côté de la mer;
ils n'en étoient pas à plus de cinq ou six
milles. L'inaction des Anglois, dans ce
moment, est inconcevable; ils pouvoient,
sans grand risque, nous harceler & nous
faire des torts irréparables : ils avoient
les plus grandes raisons pour le tenter.
Quoique Washington ait eu l'art de prolonger de jour en jour leur incertitude,

ils n'ignoroient pas l'attente de l'arrivée prochaine de M. de Graſſe ; ils ſavent que M. de Barras a fait embarquer toute la groſſe artillerie, & ſe diſpoſe à mettre à la voile : il eſt de leur intérêt de préve-nir la jonction de nos forces ; & quel moment plus favorable que celui d'une marche dans un pays hériſſé de mon-tagnes, couvert de bois, coupé de rivieres où, manque de reſſources, il faut aug-menter ſon train !

Il n'eſt guere poſſible actuellement de douter qu'on va en Virginie, à moins de ſuppoſer encore qu'à l'arrivée de M. de Graſſe, l'armée ne revînt ſur ſes pas.

Ce pays eſt abſolument différent de celui que nous avons parcouru ; il n'eſt point, comme le Connecticut, couvert de monticules rapprochés, qui rendent la marche pénible, reſſerrent la vue, em-pêchent de ſe former une idée nette de l'enſemble ; pluſieurs cordons de monta-gnes qui paroiſſent être des rameaux de celles des Apalaches s'y prolongent du Nord-Eſt

Nord-Eſt au Sud-Oueſt, forment, dans leurs intervalles, de vaſtes & de riantes plaines que la main du Géometre ſemble avoir aſſujetties à ſon niveau. Ces plaines ſont entrecoupées par de grandes & de belles maiſons, par des vergers, des champs de maïs, & des bouquets de bois.

Les habitans, Alſaciens & Hollandois d'extraction pour la plupart, portent, dans leur air aiſé, gai, prévenant, l'empreinte de l'heureuſe contrée qu'ils habitent. Des proviſions arrivent de toutes parts dans nos camps ; ceux qui nous les amenent ne reſſemblent en rien, par leur opulence, à des marchands de fruits & de légumes. Des Dames, coiffées, parées de pierreries, conduiſent elles-mêmes leurs légers chars ruſtiques, traînés par des chevaux fringans attelés deux ou trois de front.

J'ai parcouru le ſommet de ces hautes montagnes ; elles ſont de rochers graniteux, hétérogenes, très-adhérens ; l'eau forte n'y cauſe aucune efferveſcence ; le ſpath y eſt le plus abondant. Si ces mon-

F

tagnes, qu'il faut néceſſairement placer dans la claſſe des primitives, me diſois-je en les contemplant, devoient leur origine à une matiere vitrifiée, en fuſion, bouillonnante pendant des milliers d'années, elles ſeroient néceſſairement homogenes ; je n'y retrouverois point ce mélange de pluſieurs ſubſtances réunies en grains, affectant des formes régulieres, des couleurs différentes : elles ont dû éprouver de grandes révolutions ; elles ſont crevaſſées dans beaucoup d'endroits : d'énormes morceaux ont changé leur premiere ſituation : on voit, ſur un des ſommets les plus élevés, un bloc monſtrueux, iſolé, arrondi dans ſes angles, appuyé ſur une baſe très - étroite, & ſemblant prêt à rouler. Quel étoit ſa primitive poſition ? qui peut l'avoir élevé ſur ce ſommet ?

La ville de Prince - Town eſt peu conſidérable ; elle eſt remarquable par une charmante ſituation, quelques belles maiſons, & ſur - tout un collége bâti en brique , élevé de plusieurs étages , ayant vingt-cinq croisées de front : j'y ai vu deux chef-d'œuvres de mécanisme ; c'étoit le mouvement des corps célestes, mis en action d'après le systême de Newton & celui de Copernik. L'Auteur est Américain, & demeure actuellement à Philadelphie : on m'a assuré qu'il travailloit à un semblable , pour en faire hommage au Monarque dont l'alliance doit à jamais exciter la reconnoissance de ces peuples.

Je suis , &c.

LETTRE VI.

A Trenton, ce 2 Septembre 1781.

Nous étions hier campés à côté d'une petite ville très - agréable ; quoique nous n'en foyons aujourd'hui qu'à douze milles, nous le fommes près d'une autre qui ne le cede en rien pour l'agrément & la falubrité de l'air , mais bien plus avantageufement fituěe : c'eft la plus grande que nous ayons vue après Providence ; elle eft fur les bords de la Delhaware , à vingt-fept milles au deffus de Philadelphie. Cette pofition la met à même de former un commerce confidérable , fur-tout pour les comeftibles , avec la Capitale. La Delhaware n'eft navigable , pour les bâtimens confidérables , qu'à cette hauteur ; elle y devient tout - à - coup fi peu profonde , qu'un peu plus haut elle eft guéable pour les voitures dans les baffes marées. Les bords de cette riviere n'ont rien de l'afpect fombre & fauvage du fleuve du Nort: ils font applanis & rians comme ceux de la Loire. Le terrein y eſt léger, ainſi que dans tous les lieux où nous avons paſſé, mais excellent. Le maïs, production qui épuiſe infiniment les terres, y vient, même dans celles qui ſont cultivées depuis près d'un ſiecle, haut de ſept à huit pieds; les tiges en ſont groſſes, vigoureuſes; les épis en ſont longs & peſans.

Washington a rendu ce lieu a jamais fameux, par une victoire où il a développé ſi heureuſement les reſſources de ſon génie.

Les troupes Angloiſes, en 1776, cantonnées, formoient une ligne depuis Brunſwick, ſur la riviere de Raritan, juſqu'à la Delhaware; quatorze ou quinze cents hommes étoient à Trenton, autant à Borden-Town, & un troiſieme corps à Burlington, qui n'eſt qu'à vingt milles de Philadelphie. L'armée de Washington, qui n'avoit oſé ſe montrer de toute la campagne, affoiblie de jour en jour, laiſſoit les Anglois dans la plus grande ſécurité. Deux nuits de gelée pouvoient, par la Delhaware, les rendre maîtres de Philadelphie. Le Congrès, dans cette circonſtance critique, s'étoit retiré à Baltimore en Maryland, & l'Amérique consternée attendoit avec effroi ce moment qui alloit la remettre dans les fers. Washington ne pouvant résister aux forces réunies de l'ennemi, forma le projet de l'attaquer en partie; il assembla à la hâte des Milices de Pensilvanie & de Virginie, en forma trois corps; deux ne purent passer la Delhaware, à cause des glaces; le sien fut plus heureux; il surprit un corps d'Hessois, en fit huit ou neuf cents prisonniers. Peu de temps après, ayant allumé des feux dans son camp, & laissé à chacun un seul homme pour les entretenir, il marcha par les derrieres de l'ennemi, le surprit encore & lui fit prisonnier un corps considérable de troupes. Les Anglois furent forcés, à leur tour, de se retirer & de se mettre sur la défensive.

Nous passons demain la Delhaware, & dans deux jours nous verrons le chef-lieu du Congrès; je n'y oublierai rien de ce qui me paroîtra mériter votre attention.

Je suis, &c.

LETTRE VII.

De Philadelphie, ce 6 Septembre 1781.

L'ARRIVÉE des François à Philadelphie a plutôt ressemblé à un triomphe, qu'à un simple passage. Les troupes ont fait halte à un demi-quart de lieue, & dans un instant elles ont été appropriées, parées, comme une garnison pourroit l'être dans un jour de revue : elles ont traversé la ville, précédées de leur musique, spectacle toujours nouveau pour les Américains : les rues étoient inondées de peuple, & la parure des Dames étoit des plus brillantes. Tout Philadelphie a été étonné de voir des voyageurs si frais, si propres, des François de si bonne mine. Ces troupes ont défilé devant le Congrès & le Ministre de la Cour de France (1), & ont campé dans une vaste plaine arrosée par le Skuilkill. Le régiment de

____

(1) M. le Chevalier de la Luzerne.

F iv

Soiſſonnois fit, le lendemain de ſon arrivée, l'exercice à feu : vingt mille perſonnes au moins , & beaucoup de voitures remarquables par leur élégance &
leur légéreté, embelliſſoient ce ſpectacle,
où l'agrément de la ſituation, la ſérénité
du jour ajouterent encore. La rapidité des
évolutions des troupes, leur enſemble,
leur préciſion étonnerent, enthouſiaſme-
rent les Spectateurs : leur intérêt augmenta encore en voyant, dans l'un des
Chefs, l'allié, l'ami du jeune Héros à qui
ils doivent tant, & pour qui ils ont tant
d'admiration. Une perte (1), qu'il faut être
pere & ſenſible pour apprécier, l'avoit,
depuis quelques jours, plongé dans la douleur & la triſteſſe; les charmes de Philadelphie ne purent le tirer de ſa tente; comme
Achille, il n'y eut que le bruit des armes.

Nous nous amuſâmes beaucoup de l'er-
reur du peuple, qui prit pour un Général
un de ces hommes que nos grands Sei-

____

(1) Il avoit reçu, depuis quelques jours, la nouvelle
de la mort de ſa fille.

gneurs ont fouvent à leur fuite pour les devancer ou porter leurs miffives. Son court juftaucorps, fa riche cotte à frange d'argent, fes fouliers couleur de rofe, fon bonnet armoirié, fa canne à pomme énorme leur parurent autant de marques d'une éminente dignité : toutes les fois qu'il s'approchoit du Colonel-Commandant fon maître, pour recevoir fes ordres, on croyoit qu'il les lui donnoit.

Le Préfident du Congrès honora de fa préfence, en gros habit de velours noir, ce fpectacle. Les bons Penfilvaniens font bien loin de nous pour l'étiquette, comme nous bien loin d'eux pour la légiflation.

Ces manœuvres firent concevoir aux fpectateurs les plus flatteufes efpérances; ils crurent que de telles troupes devoient être invincibles. Ce jour étoit marqué pour d'heureux pronoftics. M. le Chevalier de la Luzerne, qui, dans cette circonftance, reçoit fes compatriotes avec la grandeur & la libéralité du Repréfentant d'un grand Prince, la franchife & la cordialité d'un particulier, avoit amené, après l'exercice, tous les Officiers dîner. A peine étions-nous à table, qu'un Courrier arrive. Un inquiet silence regne parmi tous les convives; les yeux fixés sur M. le Chevalier de la Luzerne, on tâche de deviner d'avance ce que ce peut être. Trente-six vaisseaux de ligne, nous annonce-t-il, commandés par M. le Comté de Grasse, sont dans la baie de Chésapéack, & trois mille hommes de troupes de débarquement ont établi leurs communications avec M. le Marquis de la Fayette. L'alégresse éclate aussi-tôt de toute part : nos impatiens Guerriers comptent, supputent le temps où ils seront enfin en face de l'ennemi, & leurs imaginations échauffées l'abregent. On porte des santés ; on n'oublie pas celle du Ministre, dont l'intelligence & l'activité préparent à notre Marine de plus brillans succès : la présence de son fils (1) en aug-

______

(1) M. le Comte de Charlu, Colonel en second du régiment de Saintonge.

mente l'intérêt. Tompſon, le Secrétaire du Congrès, l'ame de ce corps politique, vient recevoir & donner des complimens. Sa figure maigre, ſillonnée, ſes yeux caves, étincelans, ſes cheveux blancs, droits, ne deſcendant pas à ſes oreilles, fixerent & ſurprirent tous nos regards.

Cette importante nouvelle ſe répandit auſſi-tôt rapidement dans toutes les parties de la ville ; des cris de joie retentiſſent de toutes parts ; des plaiſans montent ſur des treteaux, prononcent l'oraiſon funebre de Cornwallis, & débitent des lamentations ſur la douleur des Torys. Le peuple ſe porte en foule à l'hôtel du Miniſtre de France ; on le ſalue par des *vive le Roi* !

Vous voyez combien on eſt généralement perſuadé des ſuccès de la campagne. Puiſſent ces flatteuſes eſpérances ſe réaliſer ! elles hâteront une paix qui, dans notre poſition actuelle & ſous le Prince ſage & bienfaiſant qui nous gouverne, placeroit la France dans la perſpective la plus brillante qu'elle ait jamais entrevue depuis l'existence de la Monarchie.

Philadelphie, Capitale de la Pensilvanie, est bâtie sur une plaine élevée & spacieuse, dans l'endroit où la riviere Skuilkill mêle ses eaux à la Delhaware. Le célebre Guillaume Penn, fondateur de cette Colonie, en donna le plan & fixa l'emplacement. Ce plan a été suivi; mais on l'a située un peu plus près de la principale riviere, à cause du commerce: sa forme est celle d'un parallélogramme ou carré long, s'étendant à deux milles, ayant dix-huit rues parfaitement alignées, coupées à angle droit par seize autres d'un mille de longueur, également larges & alignées : on y a ménagé des intervalles pour les édifices publics. Les deux principales rues, appelées *High-Street* & *Broad-Street*, ont chacune cent pieds de largeur : des vaisseaux de cinq cents tonneaux peuvent mouiller près d'un assez beau quai : on en a vu jusqu'à vingt en construction à la fois sur les chantiers:

on y compte au moins trois mille maifons, plus de la moitié bâtie en brique,
& toutes très-belles. La population monte
à environ vingt mille ames. Les Catholiques Romains y ont deux chapelles
gouvernées par un Ex-Jéfuite & un Allemand : ils portent le nombre de leurs
communians à onze ou douze cents. Il
y a des Temples de Presbytériens, de
Luthériens, de Calviniftes Hollandois,
d'Anabatiftes, &c. La Secte la plus nom-
breufe eft celle des Quakers : c'étoit celle
que fuivoit le fondateur de la Colonie.
Comme cette Secte affecte plus de tolérance, plus de rigidité, plus d'égalité, &
qu'elle s'eft établie en Penfilvanie dans un
temps où la proximité de fa naiffance,
les contradictions & le mépris des autres
Religions lui avoient confervé toute fon
énergie, toute l'auftérité de fes principes,
la légiflation tendit davantage à rendre ces
Colons libres, égaux, & fimples. La douceur du climat, la bonté du fol, des occupations champêtres, une exiftence ifolée

favoriſerent ces vûes légiſlatives, & la Penſilvanie devint la Colonie la plus ver- tueuſe & la plus heureuſe que l'Hiſtoire nous ait jamais retracée : mais en ſe mul- tipliant, en attirant les étrangers, en de- venant commerçante, des fortunes ſe ſont agrandies, le luxe s'eſt introduit, les mœurs ſe ſont altérées, & ce ne ſera bien- tôt qu'un éclatant météore qui ſe ſera montré un inſtant à l'Univers.

C'eſt dans cette ville où ſont les Re- préſentans des Treize-Provinces, ſous la dénomination de Congrès. La façade ex- térieure de l'édifice où ils ſe raſſemblent, eſt de brique, & par conſéquent ſans ordre d'architecture ; il eſt auſſi beau qu'un mo- nument de ce genre peut l'être, & préſente une maſſe noble, impoſante, réguliere : il eſt ſitué dans l'alignement ordinaire des maiſons, ſans place qui le dégage : il perd certainement beaucoup à ne pouvoir être examiné dans ſon véritable point de vûe : chaque Province y a ſes Députés pour ſti- puler ſes intérêts, faire ſes offres, concerter les moyens de défendre la cause commune : ces assemblées ne se mêlent que de ce qui concerne l'intérêt général. Les Provinces ont leur Congrès particulier, où elles établissent la police & des loix indépendamment du Congrès général. Le nombre des Représentans est proportionné à l'étendue des Provinces ; deux est le plus petit, sept le plus grand ; quel qu'il soit, elles n'ont qu'une voix. La situation centrale de cette ville, & la sûreté de sa position, ont décidé ce choix. La premiere assemblée s'y tint le 2 Septembre 1774, & l'acte d'indépendance y fut publié le 10 Décembre 1776 ; époque cependant où les affaires des Américains étoient dans le plus mauvais état, où les ennemis s'étoient emparés de toutes les villes, de tous les postes sur la Delhaware, & où l'on n'osoit plus se flatter de défendre Philadelphie.

Le marché, situé au centre de la ville, est vaste & beau. Les prisons pour dettes & crimes, celles sur-tout des prisonniers de guerre, sont spacieuses, bien aérées.

Vous connoiffez fa Société Philofophique, dont plufieurs Savans de l'Europe font membres. Mais un des établiffemens qui fait le plus d'honneur à ces nouveaux Etats, c'eft l'afile deftiné à recevoir les défenfeurs de la Patrie, que des infirmités ou des bleffures rendent incapables de pourvoir à leur exiftence.

Le plan de Guillaume Penn eft encore très-éloigné d'être achevé ; mais on le fuit à proportion que la ville s'agrandit : il eft aifé de juger de la rapidité de fon accroiffement, quand on penfe qu'il exifte encore à Philadelphie un vieillard témoin de fa fondation. Cette ville, placée fur une riviere que des vaiffeaux de guerre peuvent remonter, fur un fol fécond qui exige peu de travaux pour être mis en culture, bâtie d'après un plan réfléchi, doit devenir une des plus belles villes du Monde.

Je fuis, &c.

LETTRE

LETTRE VIII.

De Baltimore, ce 14 Septembre 1781.

L'ARMÉE n'a pas, Monsieur, trouvé à *Head-a-Filque*, situé à la tête de la baie de Chésapéack, assez de transports pour s'y embarquer en totalité : on a à peine assez rassemblé de bateaux, découverts la plupart, pour les Grenadiers & Chasseurs, & quelques régimens Américains : en cas de gros temps, ces troupes souffriront beaucoup & seront très-exposées. Le Général Washington & M. le Comte de Rochambeau ont pris les devants par terre, pour concerter leurs opérations avec M. de Grasse. M. le Baron de Viomesnil, commandant actuellement l'armée Françoise, est décidé à la faire aller par terre.

La position de Baltimore est une des plus importantes de l'Amérique Septentrionale. Cette ville, placée presque à

G

l'entrée de la baie, est à portée de recevoir, de la premiere main, les denrées de
la Pensilvanie, du Comté de la Delhaware, & sur - tout celles du Maryland.
Cette derniere Province a des forges très-
considérables, produit du tabac moins
flatteur à l'odorat que celui de la Virginie, mais infiniment plus fort, préféré,
pour cette raison, par les Européens du
Nord.

Baltimore, il y a trente ans, n'étoit
qu'un petit village; c'est aujourd'hui une
grande & riche ville; sa forme est celle
d'un croissant. La partie du Nord est sur
une langue de terre étroite & très-avancée
dans la baie. La ville, dans cet endroit,
semble sortir du sein des eaux & y annoncer son futur empire. Lord Baltimore,
Catholique Irlandois, établit dans le
Maryland deux cents Catholiques, &
donna son nom à cette ville. La moitié
est habitée d'Acadiens, que les Anglois
arracherent inhumainement de leur heureuse contrée, pour les laisser sans res-

fources dans ce nouveau pays : leur quartier eft le moins riche & le plus mal bâti. La tyrannie du Gouvernement Anglois les a empêchés de profiter de l'heureufe pofition de cette ville : Marins pour la plupart, ils ne tarderont pas à fe dédommager par le commerce, de la perte des riches habitations de l'Acadie.

Ils confervent encore entre eux la Langue Françoife, font demeuré très-attachés à tout ce qui tient à leur ancienne Nation, fur-tout à leur culte, qu'ils fuivent avec une rigidité digne des premiers âges du Chriftianifme. La fimplicité de leurs mœurs eft un refte de celles qui régnoient dans l'heureufe Acadie. Leurs Prêtres exerçoient fur eux l'empire que la vertu & les lumieres donnent fur des hommes qui ne font point corrompus ; ils étoient leurs juges, leurs médiateurs, & aujourd'hui même ils ne les nomment pas fans attendriffement. Ils m'ont beaucoup parlé d'un M. le Clerc, qui, en partant, leur donna des vafes & des ornemens pour le fervice

des autels. » Ces ornemens, leur dit ce
» Vieillard, ferviront à vous rappeler ce
» que vous devez à la Religion de vos
» peres; puiffe-t-elle fleurir dans les nou-
» velles régions que vous allez habiter!
» Puiffiez-vous, en réprouvant tous les
» autres cultes, montrer par votre dou-
» ceur & votre bienfaifance, que vous
» ne traitez pas moins en freres ceux qui
» les fuivent! Peut-être la Providence
» fe fert-elle de vous pour étendre &
» faire triompher la vérité. Cette idée
» peut feule me faire furvivre au mal-
» heur de me féparer de vous; mon
» cœur vous fuivra toujours, & je n'éle-
» verai pas de fois mes tremblantes mains
» fur nos autels, que vous n'en foyez
» l'objet «.

Leur églife eft bâtie hors de la ville,
fur une hauteur entourée de fept à huit
Temples de différentes Sectes. Ils fe plai-
gnent beaucoup de ne pas retrouver dans
leurs Pafteurs actuels, le zele & l'affec-
tion de ceux de l'Acadie : occupés du foin

de leurs habitations, ils donnent peu à l'instruction de leur troupeau, & presque toutes leurs fonctions pastorales se bornent à une basse messe tous les mois.

La vue d'un Ministre François sembla rappeler leurs anciens Pasteurs; ils me solliciterent d'officier dans leurs églises. Je ne pus, en remplissant cette sainte fonction, me dispenser de les féliciter sur leur piété, & de leur retracer le tableau des vertus de leurs peres; je leur rappelois des souvenirs trop chers, ils fondirent en larmes; la musique que j'avois amenée, contribua encore à émouvoir leurs cœurs.

Le Maryland est habité par beaucoup de Catholiques. La ville de Frédérikburg en Virginie, a plusieurs églises, ainsi que Charles-Town, capitale de la Caroline. Toutes ces églises de l'Amérique Septentrionale étoient soumises à la jurisdiction d'un Évêque *in partibus*, résidant à Londres, qui, depuis la révolution, a cessé toutes communications avec elles; elles sont abandonnées à elles-mêmes,

G iij

BIBLIOTHEQUE ROYALE

sans Chefs, sans unité. La foi de ces peuples & leur nombre méritoient cependant de fixer les regards des Chefs de l'Église.

Je suis, &c.

LETTRE IX.

D'Anapolis, ce 21 Septembre 1781.

L'ARMÉE devoit faire, Monsieur, le reste de la route pour la Virginie, par terre ; elle avoit pris à cet effet le chemin d'Alexandrie ; elle a repris celui d'Anapolis, sur la nouvelle de l'arrivée du Romulus, de deux frégates, & de plusieurs bâtimens de transport. Les chevaux & les voitures continueront à aller par terre.

A mesure que nous avançons vers le Midi, nous trouvons des différences sensibles dans les usages & dans les mœurs. Ce ne font plus, comme dans le Connecticut, des maisons placées sur les routes, à petits intervalles, restreintes à l'espace du logement d'une famille, meublées du plus simple nécessaire ; ce font de spacieuses habitations, isolées entre elles, composées de plusieurs bâtimens, entourées

G iv

de plantations à perte de vue, cultivées, non par des mains libres, mais par ces hommes noirs, que l'avare Européen enleve, à prix d'or, des contrées brûlantes de l'Afrique. Leurs meubles y font des bois les plus précieux, & de marbres les plus rares, enrichis encore par le favant travail de l'Artifte. Leurs voitures élégantes & légeres font traînées par des courfiers, que conduifent des efclaves richement habillés : nous retrouvons furtout cette opulence dans Anapolis. Cette très=petite ville, placée à l'embouchure de la riviere de Saverne, dans la baie, ne renferme aux trois quarts que de grands édifices. Le luxe des femmes y furpaffe celui de nos provinces ; un Coiffeur François y eft un homme d'importance ; une de ces Dames paye mille écus de gage au fien. Il y a déjà une falle de fpectacle. La *State-Houfe* (maifon des États) eft de la plus grande beauté ; c'eft la plus belle de toutes celles de l'Amérique ; le périftile eft orné de colonnes, & l'édifice eft furmonté d'un dôme.

On fait à la hâte les embarquemens ; le temps est le plus beau du monde, les vents sont favorables ; le terme de l'impatience des François n'est probablement pas éloigné.

Je suis, &c.

LETTRE X.

De Williamsburgh, ce 30 Septembre 1781.

L'ARMÉE a eu la navigation la plus heureuse; celle des Grenadiers, Chasseurs, & des premiers régimens Américains, l'a été moins; elle a duré quatorze jours; jugez quel mal - aise pour des troupes serrées & qui n'étoient pas à couvert! les Officiers mêmes n'y ont vécu que de biscuit. Les bords de cette baie, formée de la réunion de tant de grands fleuves, ne font point élevés; ils font encore peu découverts. On apperçoit rarement des habitations; il y en a quelques-unes assez agréables : cette situation doit devenir un jour une des plus belles du monde.

La flotille a remonté la riviere James, célebre par le bon tabac que produisent ses rives. Elle débarqua devant le territoire de James-Town, lieu où les Anglois formerent leur premier établissement en

Virginie. Les troupes font venues de là joindre les Grenadiers, Chaffeurs, & les trois mille hommes amenés par M. de Graffe, compofés des régimens d'Agénois, Gâtinois & Touraine, aux ordres de M. de Saint-Simon, Maréchal de Camp. Ce Général s'étoit réuni auparavant à la petite armée de deux mille Américains, commandée par M. le Marquis de la Fayette, qui, comme vous favez, malgré les forces triples de Cornwallis, n'avoit pu être entamée. M. de la Fayette, en qualité de Major général des Américains, fe trouva, à vingt-quatre ans, commander un Officier général François, jufqu'à la réunion des autres corps.

Williamsburgh, capitale de la Virginie, n'eft pas encore confidérable ; elle eft fituée fur un fol très-uni, coupée d'une rue large de plus de cent pieds : à l'une des extrémités, eft, en face, le Capitole ou *State-Houfe*, édifice petit, mais régulier ; & à l'autre bout, le collége, capable de contenir plus de trois cents éleves ; il y a une bibliotheque d'environ trois mille volumes, & un cabinet de phyſique expé-rimentale aſſez complet. J'ai contemplé avec un intérêt bien vif ces vrais monu-mens de la gloire des hommes ; en me rappelant des momens heureux, ils me rappeloient des perſonnes cheres à mon cœur. Le tumulte des armes a fait fuir ceux qui en faiſoient uſage ; les Muſes, vous le ſavez, ne ſe plaiſent que dans le ſéjour de la paix. Nous n'avons retrouvé qu'un ſeul Profeſſeur, Italien d'origine ; ſon eſprit, ſon ſavoir nous font, d'après ce qu'il nous a dit de ſes Confreres, regretter leur éloignement.

Williamsburgh eſt la ſeule ville que nous ayons rencontrée : ſans être ſituée ſur les bords d'une riviere, elle eſt à une égale diſtance de deux petites, dont l'une ſe jette dans celle de James, & l'autre dans celle d'Yorck ; elle a l'incom-modité de n'avoir pas facilement de l'eau. La beauté de ſa ſituation & le voiſinage des rivieres James & Yorck, entre lefquelles vient le meilleur tabac de la province, ont déterminé le choix de cet emplacement : je ne crois pas, malgré cela, qu'elle devienne jamais importante; les villes d'Yorck, de James, de Nort-Folk & d'Édenton, plus favorablement fituées, l'éclipferont.

Quoique la Virginie s'étende entre le 36ᵉ & le 39ᵉ degré de latitude, l'hiver y eft très-rigoureux; il y tombe beaucoup de neige; les vents du Sud & de l'Eft y font exceffivement chauds; ceux du Nord & de l'Oueft, venant des montagnes & des lacs, exceffivement froids. On y éprouve fouvent dans un jour, des paffages rapides de l'un à l'autre. Elle produit de très-beaux bois; les environs de Williamsburgh, ainfi qu'une partie des bords de la baie, font couverts d'arbres raifineux; fes prairies nourriffent d'excellens chevaux; ils l'em-portent fur ceux des autres provinces pour la beauté; il y vient du chanvre, du lin, du maïs, beaucoup de coton : ce coton eft une plante annuelle, qu'au premier

coup-d'œil nous prenions pour des féves.
Les vers à foie y réuffiffent très-bien :
on doit préfumer qu'ils formeront un jour
une des plus importantes branches du
commerce de cette province. La plus
étendue eft le tabac ; vous connoiffez fa
réputation ; il eft, pour l'ufage ordinaire,
le premier du monde : ce que les Anglois
en tiroient annuellement, ainfi que du
Maryland, alloit à douze millions ; ils n'en
confommoient pas un fixieme, ils nous
vendoient le refte ou le portoient dans le
Nord ; jugez où pouvoit aller ce commerce. Ils l'échangeoient au plus vil prix,
pour leurs draps, leurs toiles, leurs clin-
cailleries, & revendoient, argent comp-
tant, le furplus de leur confommation ;
ils augmentoient ainfi par an leur numéraire de huit à neuf millions. Aucune
autre poffeffion, même de l'Inde, ne leur
donnoit peut-être un produit plus net.
Trois cent trente vaiffeaux, & environ
quatre mille Marins étoient employés à
cette traite. La ville de Grenock en

Écoſſe en faiſoit la plus grande partie ;
c'étoit par-là qu'elle ſoutenoit ſes manufactures les plus conſidérables de l'Angleterre.

Depuis la guerre, ce commerce mon-
toit encore par an à près de ſix millions.
De quelle importance n'auroit-il pas été
de ſe rendre plus tôt maître de la baie de
Chéſapéack ? Il y a même actuellement
une centaine de bâtimens raſſemblés à
Yorck, ſous le canon de Cornwallis,
venus pour charger de cette herbe, que
les trois quarts & demi des humains
prennent tant de plaiſir à mâcher, à
reſpirer, ou à humer en vapeur.

On porte la population de la Virginie
à cent cinquante mille Blancs, & celle
des Negres à cinq cent mille : la diſpro-
portion des Blancs & des Negres eſt encore
plus grande dans le Maryland ; il n'y a
guere que dix milles Blancs, & il y a plus
de deux cent mille Noirs. Les Anglois
en importoient dans ces deux provinces,
entre ſept à huit mille par an. Leur ſort

n'eſt pas, à beaucoup près, auſſi à plaindre que dans les Iſles; à la liberté près, perte, il eſt vrai, irréparable, ils ſont traités avec douceur; ils y ſont preſque les égaux de leurs maîtres; ils vivent des mêmes alimens; & ſi la terre qu'ils cultivent eſt arroſée de leur ſueur, elle ne l'eſt jamais de leur ſang. L'Américain, peu laborieux, eſt aſſez juſte pour ne pas exiger que ſon eſclave, qui a moins de motifs de l'être, le ſoit plus que lui.

Les grands fleuves qui arroſent cette province, prennent leurs ſources dans les montagnes bleues, dont la chaîne ſe prolonge du Nord au Midi : au delà, ſerpente, à travers de vaſtes prairies, l'Ohio, & vient s'unir au Miſſiſſipi; vers ſes bords, peu connus encore, pour la plupart, ſont, au rapport des Voyageurs, les plus belles & les plus fécondes contrées du monde. On prétend que le projet de Waſhington étoit, en cas qu'il n'eût pu rompre les fers de ſa Patrie, de venir s'y établir

avec

avec ceux que l'amour de la liberté auroit attachés à son sort.

Les différens degrés de chaleur se font remarquer en approchant du Sud, par la différence des productions. Le laurier à cire est ici un arbre ; le sasafia y vient beaucoup plus grand. Nous avons commencé de remarquer, dans le Mariland, une espece de fruit très - commun ici, âpre, amer avant d'être mûr, comme nos cormes, sucré, fade, & la chair mollasse dans sa maturité, de la grosseur d'une prune, & d'un jaune doré.

Presque toutes les plantes y sont odorantes : l'immortelle blanche, dont les champs sont pleins, l'est aussi beaucoup. Les chenilles different entiérement de celles de l'Europe ; elles sont couvertes de houpettes qui ne laissent distinguer ni leurs têtes ni leurs pieds : ces houpettes sont longues, serrées, unies, comme si on les avoit ébarbées avec des ciseaux ; les unes sont d'une seule couleur ; il y en a d'un très-beau rose, d'autres sont

H

tachetées symétriquement. Nous trouvâmes près de la riviere du Nord, une
autre espece remarquable par sa grosseur
& sa beauté. M. le Chevalier de Chastelux,
à qui les grands détails d'une armée (1)
laissent encore des momens pour les
Lettres, m'en donna une que je fis dessi-
ner : elle étoit longue d'environ quatre
pouces ; sa grosseur pouvoit avoir sept à
huit lignes de diametre ; sa peau fine, d'un
vert tendre , laissoit appercevoir l'agitation de ses arteres ; ses cristallins, de la
grosseur d'un pois , & sa queue, étoient
d'un jaune vif ; chacun de ses anneaux
avoit quatre petites cornes rameuses,
dures, & d'un noir de jai, d'environ deux
lignes de longueur : sa tête étoit ornée de
huit autres, longues de plus d'un pouce,
fortes , rameuses, recourbées sur elles,
jaunes , noires aux extrémités, & du poli
le plus luisant. Ce superbe insecte sembloit, dans la fierté de ses mouvemens,

---

(1) M. le Chevalier de Chastelux, Maréchal de Camp,
un des Quarante de l'Académie Françoise, est Major général de l'armée de M. de Rochambeau.

annoncer qu'il connoissoit la noblesse de sa parure, & sa supériorité sur ses semblables.

Je viens de faire la dangereuse épreuve de la subtilité étonnante du venin d'une espece d'araignée ; elle m'a piqué au front, en dormant sous ma tente : je n'éprouvai presque pas de douleur dans l'endroit de la piqûre, & le bouton qu'elle occasionna étoit à peine sensible. Cependant quelques tiraillemens dans les muscles du cou, du côté de la piqûre, m'empêcherent de me rendormir. Une demi - heure après, je me sentis le ventre tendu & des douleurs sourdes. Je me levai, & je me promenai à l'air ; les douleurs augmenterent rapidement, se communiquerent aux reins, remonterent à l'estomac ; bientôt je ne pus plus me soutenir. On me porta du camp à Williamsburgh, d'où nous n'étions qu'à quelques centaines de pas : on me fit prendre des alkalis volatils, on m'en frotta les parties souffrantes, l'oppression augmenta, & les douleurs s'irriterent ; la saignée ne me fut pas plus avantageuse.

H ij

Les remedes à l'eau tiede m'ont seuls tiré d'affaire. Si j'euſſe tardé à en faire uſage, j'aurois infailliblement été étouffé. Le genre nerveux étoit seul attaqué, les alkalis durent en augmenter l'irritabilité. Je ſuis parfaitement rétabli actuellement ; il m'eſt cependant reſté des douleurs de nerfs (1) (genre de maladie où j'avois de la peine à croire).

J'ai commencé à trouver, dans le Mariland, des pétrifications de coquillages ; les bords de la baie m'ont paru en avoir beaucoup. J'ai vû, dans les environs de Williamsburgh, des ravins creuſés par les eaux à plus de vingt-cinq pieds, en déceler une grande quantité, la plupart n'étoient qu'à demi-pétrifiés.

L'armée eſt préſentement devant Yorck. Le bruit du canon ſe fait entendre juſqu'ici ; je vais la rejoindre ; j'aurai ſûrement, dans peu, beaucoup d'événemens intéreſſans à vous apprendre.

Je ſuis, &c.

____

(1) Depuis mon retour en France, j'en ai encore quelques atteintes.

LETTRE XI.

Du camp d'Yorck, ce 6 Novembre 1781.

L'ARMÉE combinée partit le 28 Septembre de Williamsburgh, pour inveſtir Yorck ; elle s'avanca le même jour juſqu'à trois quarts de lieue de l'ennemi. Ces approches ne ſe font ordinairement qu'avec circonſpection ; les campemens ſe multiplient à meſure qu'on avoiſine l'ennemi ; mais l'impatience des troupes rendit plus entreprenant, & on a oſé faire, à la vue de l'ennemi, une marche de douze milles à travers des bois dangereux, ſur un terrein poudreux, ſablonneux, & par des chaleurs exceſſives. Un de nos jeunes Colonels employa même tout ſon crédit auprès du Général Washington, pour attaquer ſur le champ deux redoutes. Ce Général s'en eſt rapporté à M. le Comte de Rochambeau, à qui il a confié la direction du ſiége. M. le Comte de

Rochambeau crut qu'il étoit plus fage de donner du repos aux troupes, & de mieux reconnoître les lieux.

Les Américains, précédés de M. le Marquis de la Fayette, ont formé la colonne droite, & les François, précédés de leurs Grenadiers, Chaffeurs, formoient la gauche. L'armée de M. le Comte de Rochambeau, compofée des régimens Bourbonnois, Royal-Deux-Ponts, Soiffonnois, & Saintonge, s'eft portée au centre : celle de M. de Saint-Simon s'étend fur la gauche jufqu'à la riviere d'Yorck, & les Américains occupent la droite appuyée fur la riviere.

Le 30, les ennemis ont évacué les deux redoutes qu'on vouloit attaquer en arrivant ; elles font diftantes d'environ quatre cents toifes de la place ; les François les ont auffi-tôt occupées.

Le premier Octobre, les Américains ont commencé, dans la nuit, deux redoutes à la droite des premieres. Les ennemis dirigerent auffi-tôt leur feu fur elles ; quelques travailleurs Américains y ont été tués : leurs compagnons n'en marquerent point le moindre effroi , & n'en continuerent pas leur travail avec moins d'ardeur (1).

L'armée fut jusqu'au 6 employée à faire des fascines , des saucissons, des gabions, à débarquer l'artillerie & les munitions. On fut alors en état d'ouvrir la tranchée. Les régimens de Bourbonnois , de Soif-fonnois, commandés par M. le Baron de Viomesnil, & quinze cents Américains par M. le Marquis de la Fayette, se posterent toute la nuit dans un profond ravin , afin de protéger les quinze cents travailleurs de la droite. Dans le même temps, le régiment de Touraine ouvrit la tranchée de la gauche , établit une batterie contre une redoute détachée de la place, & destinée à éloigner le feu de la droite des ennemis. L'activité des travailleurs & la mobilité du terrein mirent, au grand éton-nement de tout le monde, la parallele en

____

(1) C'étoient des Milices , pour qui ce spectacle étoit absolument nouveau.

H iv

état de recevoir les troupes le lendemain. Elles y entrerent à midi, tambour battant.

L'ouverture de la tranchée, l'époque ordinairement la plus meurtriere d'un siége, se fit sans effusion de sang ; circonstance d'autant plus heureuse, que les blessés n'auroient pas eu alors de paille pour se coucher, ni de linge pour être pansé. C'étoit le 7 ; on travailla avec activité le 8 & le 9 à construire des batteries ; celles des Américains & de M. de Saint-Simon tirerent à cinq heures du soir ; les dernieres forcerent aussi-tôt une frégate à s'éloigner, dont le canon atteignoit jusqu'à leurs camps ; elles tirerent aussi à boulet rouge sur le Caron, vaisseau de 44, & sur un sloop ; elles les brûlerent. Les batteries de l'armée de M. le Comte de Rochambeau jouerent le 10, à sept heures du matin : on distinguoit facilement la différence des feux : celui des ennemis étoit lent & irrégulier ; le nôtre étoit vif & soutenu. Nos Ingénieurs surent choisir les positions les plus avantageuses, & nos

Artilleurs en rendirent l'effet complet par leur juſteſſe & leur célérité.

Lord Cornwallis n'avoit pas préparé ſes troupes à cette attente ; il leur avoit annoncé que nous étions dépourvus d'artillerie de ſiége ; qu'elle ſe bornoit à quelques pieces de campagne ; que nos troupes étoient peu aguerries ; que celles de M. de Saint-Simon, formées dans nos Iſles de vagabonds indiſciplinés, énervés par un climat brûlant, ſeroient bientôt vaincues même par les premiers froids de ces contrées ; que pour les troupes Américaines, ils ſavoient trop le cas qu'ils en devoient faire ; que d'ailleurs des ſecours puiſſans alloient les rendre bientôt d'aſſiégés aſſiégeans. Ces diſcours ajouterent à leur conſternation. Lorſque le bruit terrible de nos batteries ſe fit entendre, nous les vîmes des hauteurs fuir de leurs redoutes avec précipitation, & leurs batteries ſe turent auſſi-tôt. Ils avoient été ſpectateurs tranquilles de nos travaux, nous le devînmes à notre tour. Je parcourus alors les lignes ; c'eft un foffé affez large pour y conduire des voitures, profond d'environ quatre pieds, bordé de gabions ou paniers ronds fixés fur le fol par des pieux faillans, remplis & recouverts de la terre remuée, ce qui formoit du côté de l'ennemi une profondeur d'environ fept pieds. Les batteries font placées fur des plate-formes en deçà du foffé, élevées & garnies de paliffades. Le côté de l'ennemi eft environné d'un large parapet, où on a pratiqué des embrafures pour le canon ; tous ces travaux, ainfi que ceux des ennemis, font purement en terre. Je vis jouer ces machines infernales ; je vis le rapide boulet frapper en bondiffant les redoutes de l'ennemi, faire voler par éclats les planches qui formoient leurs embrafures (1). J'ai fuivi de l'œil, dans fa marche parabolique, la lente & meurtriere bombe enfonçant tantôt les toits des maifons, tantôt

---

(1) Les nôtres étant faites avec des fafcines, pouvoient par conféquent être beaucoup moins endommagées par le feu de l'ennemi.

élevant, par son explosion, des tour-
billons de poussiere, des débris d'édifices;
je la vis lancer des malheureux à plus de
vingt pieds, & les faire retomber au loin.
Ce spectacle terrible fixe, enchaîne l'attention, fait éprouver en même temps
l'inquiétude, l'admiration, l'effroi. L'as-
siégeant épouvanté ne sait où fuir, nous
disoient les transfuges, la mort le frappe
jusque dans les bras du sommeil. Le Général, inquiet du mécontentement des Hessois, ne peut plus confier ses gardes avan-
cées qu'à des Anglois. On alloit à la tranchée par une gorge où l'ennemi dirigeoit
principalement son feu; le premier dé-
pôt pour les blessés étoit placé tout auprès. J'y allois autant que ma santé pouvoit me le permettre; les boulets tom-
boient souvent sur la cabane de fascine où
nous étions; j'y observai, dans le silence
de la nuit, la différence entre la vîtesse de
la lumiere, du son, & des corps mus. La
lumiere précédoit le son, & le son le coup,
mais à une bien moins grande distance.

Tarleton, cet homme qui avoit semé la terreur sur sa marche depuis la Caroline, fit à Glocester, le jour que jouerent les batteries de M. le Comte de Rochambeau, une sortie à la tête de sa Légion & de quatre cents hommes. M. de Choisi, Brigadier, marcha contre lui avec une partie de ses troupes. M. le Duc de Lauzun, à la tête de ses Hussards, le repoussa, avec perte d'environ cinquante hommes : cet événement étonna prodigieusement les habitans ; ils l'avoient cru invincible ; ils avoient jugé ses talens & sa bravoure par ses brigandages.

On ouvrit, dans la nuit du 11, une seconde parallele à environ cent quarante toises de la place. Une grande quantité de grenades royales ou petites bombes inquiéta beaucoup nos travailleurs. Le feu de notre artillerie discontinua par la crainte de tirer sur eux, & parce qu'on démblissoit les anciennes batteries pour en construire de nouvelles. Celui des ennemis devint plus vif.

C'est dans les siéges que la véritable

bravoure se manifeste. Le tumulte ,
l'exemple, la crainte de la honte étour-
dissent, remuent, animent, pendant une
bataille, le plus timide , & il peut un
instant devenir supérieur à lui - même :
mais au milieu des longues fatigues d'un
siége, où les dangers se renouvellent sans
cesse, où, dans le silence & la solitude
des ténebres, il contemple de sang froid la
mort, en envisage les suites, les horreurs,
compare la perte réelle de la vie avec
l'incertitude de ses espérances ; le courage
alors constant du Guerrier ne peut qu'être
l'effet d'un amour épuré de la gloire &
d'un attachement invincible à ses devoirs.
Nos François étoient devenus entre eux
autant de rivaux ; chaque Officier envioit
le sort de celui qui alloit être exposé au
plus grand danger ; ils couroient , avec
une curiosité que j'oserois presque nom-
mer téméraire , examiner les travaux de
l'ennemi, & suivre les progrès des nôtres.
L'obscur Soldat même le disputoit à ses
illustres Chefs : il alloit défier l'ennemi

jufqu'aux pieds de fes retranchemens. Le Sapeur, la hache à la main, s'avançoit d'un pas affuré fous une pluie de mitraille, & frappoit à coups, ni trop redoublés, ni trop lents, l'arbre qui fervoit de vifiere. Le Corps d'Artillerie, fi diftingué par les lumieres & l'intrépidité de fes Officiers, ne l'eft pas moins par l'adreffe, le courage, & l'efprit de corps de fes Soldats (1). Le Général Washington en vit les effets avec étonnement : une bombe ou un boulet heureufement dirigé, excitoit en eux la vive émotion du paffionné chaffeur qui vient d'atteindre le cerf ou l'agile oifeau. Un Canonnier eut le pied emporté d'un boulet entré par une embrafure. J'effayai de confoler ce malheu-

---

(1) Les Soldats de ce Corps ne le cedent en rien aux autres, par la bravoure, la capacité, l'amour de leurs devoirs : j'oferois dire cependant qu'ils ne font ni autant fatigués par des exercices fréquens, ni affujettis à une difcipline auffi févere. Si avec des moyens plus fimples, moins fatigans pour les Chefs, moins durs pour les inférieurs, on peut parvenir au même but, pourquoi ne pas les préférer ?

reux dans les premiers inſtans de ſes douleurs. Je ſuis moins affligé, me dit-il, de
la perte de mon pied, que de n'avoir pas
eu le bonheur de tirer un coup que j'avois
ajuſté avec tant de ſoin. Il eſt mort de
cette bleſſure, ne ceſſant de ſe plaindre
de ce coup manqué.

Tant qu'on travailloit aux batteries de
la ſeconde parallele, le feu de l'ennemi
ſe ſoutenoit. Les travaux, pouſſés avec la
plus grande vivacité, n'alloient pas encore
au gré des aſſiégeans. On demandoit à cris
l'attaque de deux redoutes détachées de la
place : elles incommodoient beaucoup leur
priſe, mettant à même de pouvoir enfiler
une partie des travaux de l'ennemi. La
bouillante valeur de M. le Baron de Viomeſnil s'impatientoit ſur-tout de ce retard.
Enfin le 14 il fut chargé de l'attaque de l'une,
ayant ſous lui M. le Comte Guillaume de
Deux-Ponts (1), & M. le Chevalier de
Lameth, Aide-Maréchal-des-Logis. M. le

____

(1) Colonel en ſecond du régiment Royal-Deux-Ponts.

Marquis de la Fayette commanda l'attaque de l'autre; M. de Gimat étoit à ses ordres: toutes deux furent enlevées l'épée à la main; M. le Comte Guillaume y fut blessé; M. le Chevalier de Lameth le fut mortellement au deux genoux.

La nuit suivante, quatre cents assiégés se disant Américains, surprirent une batterie, enclouerent sept pieces de canon, tuerent & firent prisonniers quelques hommes; & en blesserent une trentaine. Un enfant de quinze ans, domestique d'un Officier, endormi par hasard aux environs, reçut douze ou quatorze coups de bayonnette. Le régiment de Soissonnois, posté tout près, ne fut instruit de l'action que sur la fin, parce que le Capitaine commandant la redoute avoit fait défense de tirer à l'approche de ces prétendus Américains: ce régiment y accourut aussi-tôt, & si le Lieutenant-Colonel de Saintonge n'eût fait sonner la charge, les Anglois auroient été enveloppés. Quelques Soldats ennemis blessés

furent

furent amenés dans nos hôpitaux. Ces hommes qui, un inftant auparavant, s'étoient entr'égorgés, étoient réunis fous le même toit, y recevoient, fans diftinc-tion, les mêmes foins. C'eft ainfi qu'au milieu des horreurs qui affligent l'huma-nité, on retrouve encore les traits au-guftes de l'homme.

Du 16 au 17, nos batteries commen-cerent à jouer ; elles briferent quelques paliffades, & firent même breche. Lord Cornwallis fe voyant au moment d'être écrafé de toutes parts, fe décida à paffer pendant la nuit à Glocefter, pofte moins fufceptible de défenfe qu'Yorck. Le mau-vais temps l'en empêcha : il envoya, le 17, à dix heures du matin, un parlemen-taire demander une fufpenfion d'armes de vingt-quatre heures : on fe rappeloit de Savanah, elle fut refufée. Un autre parlementaire vint demander à capituler : on accorda deux heures : on prolongea enfuite la fufpenfion. Lord Cornwallis fit demander quelle capitulation on lui ac-

I

corderoit : » celle de Charles-Town, répondit judicieusement Washington «. En rappelant aux Anglois une victoire, il leur donnoit une leçon pour bien traiter à l'avenir les Américains. M. le Vicomte de Noailles, & M. Laurens Officier Américain (1), firent les fonctions de Commissaires : une des premieres choses que leur demanderent les Envoyés Anglois, furent les noms de nos Chefs du Génie & d'Artillerie. Ils avouerent qu'il n'avoit pas été possible de montrer plus de science & de talens.

La capitulation fut signée le 18 à midi : Lord Cornwallis & son armée se rendirent prisonniers de guerre.

---

(1) Le Fils du Président du Congrès, long-temps prisonnier à la Tour de Londres.

*Articles de la Capitulation faite entre
son Excellence le Général Washington,
le Comte de Rochambeau, le Comte de
Graſſe, d'une part ; le très-honorable
Comte de Cornwallis, Lieutenant-Général
des forces de Sa Majeſté Britannique,
Commandant des garniſons d'Yorck en
Virginie, de l'autre part.*

Art. Ier. La garniſon d'Yorck & Gloceſter, compris les Officiers & Matelots
des vaiſſeaux de Sa Majeſté Britannique,
ainſi que tous les Marins, ſe rendront priſonniers de guerre aux forces combinées
de l'Amérique & de France. Les troupes ſeront priſonnieres des Etats-Unis, & toute
la Marine ſera priſonniere de l'armée na-
vale de Sa Majeſté Très-Chrétienne.

II. L'artillerie, les armes, l'habillement, le tréſor militaire, & les magaſins
publics de toutes eſpeces quelconques, ſeront remis, ſans aucune dégradation, aux
Chefs des différens départemens qui ſeront
appointés pour les recevoir.

III. Aujourd'hui à midi , les deux redoutes fur le flanc gauche d'Yorck feront
délivrées , l'une à un détachement de
l'armée Américaine, l'autre à un détachement de Grenadiers François. La garnifon
marchera jufqu'à un endroit dont il fera
convenu , en avant des poftes de l'armée,
l'arme au bras, les tambours battant une
marche Angloife ou Allemande , & les
drapeaux dans leurs étuis ; ils mettront bas
les armes & retourneront à leurs camps,
où ils refteront jufqu'à ce qu'on les faffe
partir pour le lieu de leur deftination.
Deux ouvrages de Glocefter feront délivrés à une heure à deux détachemens des
troupes Françoifes & Américaines en-
voyées pour s'en emparer : la garnifon for-
tira à trois heures après midi ; la Cavalerie
aura l'épée nue, les trompettes fonnantes, &
l'Infanterie défilera comme celle d'Yorck,
& retourneront à leurs camps , jufqu'à ce
qu'ils foient entiérement évacués.

IV. Les Officiers garderont leurs épées ;

les Officiers & Soldats garderont leurs propriétés particulieres de toutes especes; aucune partie de leurs bagages ni papiers ne pourront jamais être assujettis à être recherchés ni suspectés; les bagages & papiers des Officiers pris pendant le siége, leur seront aussi conservés. *Il est sous entendu que la propriété des habitans de cet Etat qui sera entre les mains de la garnison d'une maniere visible, puisse être réclamée* (1).

____

(1) Cette derniere proposition fut celle qui éprouva le plus de difficulté de la part des Anglois. La seule supposition qu'ils pouvoient avoir enlevé aux habitans leur propriété, étoit humiliante : si elle se réalisoit, elle étoit déshonorante. Ce fut ce motif, autant que la nouveauté du spectacle, qui fit accourir plusieurs milliers d'Américains a la reddition d'Yorck. Leur objet le plus important étoit leurs Negres. On raconte cependant quelques anecdotes relatives à des objets réclamés, entre autres celle de Tarleton. Il vint dîner chez un de nos Officiers supérieurs; il étoit monté sur un superbe cheval, & accompagné de quelques Aides de Camp François : un Américain l'apperçut, & reconnut son cheval; il courut à lui, l'arrêta, le força à mettre pied à terre, en lui faisant beaucoup de reproches désagréables. On fut obligé de lui en prêter un mauvais, avec lequel il arriva chez les Officiers, qui ne furent pas peu étonnés de le voir en équipage si humble.

V. Les Soldats resteront, soit en Virginie, en Mariland, ou en Pensilvanie, & resteront par régiment autant qu'il sera possible : ils auront les mêmes rations qui sont accordées aux Soldats au service de l'Amérique : un Officier de chaque Nation, Angloise, Anspach, ou Hessoise, & d'autres Officiers sur leur parole, dans la proportion d'un par cinquante hommes, auront la liberté de résider auprès de leurs régimens, de les visiter souvent, & d'être témoins de leurs traitemens : les Officiers recevront & leur distribueront l'habillement & les autres choses nécessaires, & on accordera des passe-ports pour eux quand ils seront demandés. Le Général, les Employés civils, & les autres Officiers qui ne sont point employés, comme il est dit dans l'article ci-dessus, qui le désireront, auront la permission d'aller sur leur parole en Angleterre, New-Yorck, ou tout autre poste de l'Amérique maintenant en la possession des forces Angloises, à leur option.

VI. Le Comte de Graſſe leur donnera les vaiſſeaux néceſſaires pour les porter à New-Yorck dans dix jours, à compter de la préſente date, comme parlementaires, & ils demeureront dans un endroit dont on conviendra juſqu'à ce qu'ils s'embarquent. Les Officiers du département civil de l'armée & de la Marine ſont inclus dans cet article : on donnera des paſſeports pour aller par terre, à ceux auxquels on ne pourra pas fournir de vaiſſeaux.

VII. Les Officiers auront permiſſion de garder des Soldats auprès d'eux comme Domeſtiques, ſelon qu'il ſe pratique ordinairement dans le ſervice : les Domeſtiques qui ne ſont point Soldats, ne ſont pas conſidérés comme priſonniers de guerre, & pourront aller avec leurs Maîtres.

VIII. La Bonneta, ſloop, ſera équipée & commandée par ſon Capitaine avec ſon équipage, & laiſſée entiérement à la diſpoſition du Lord Cornwallis, du moment que la capitulation ſera ſignée.

elle recevra à bord un Aide de Camp, pour porter les dépêches au Chevalier Henri Clinton. Les Soldats qu'il jugera à propos d'envoyer à New-Yorck, pourront partir sans être examinés, quand ses dépêches seront prêtes : Sa Seigneurie s'engage, de son côté, que le vaisseau sera rendu aux ordres du Comte de Grasse, s'il échappe aux dangers de la mer ; qu'il n'emportera aucun des effets publics, & qu'on tiendra compte de ceux de l'équipage, ou des Soldats qui manqueront quand on les rendra.

IX. Les Marchands conserveront leur propriété, & auront l'espace de trois mois pour en disposer ou les emporter, & ils ne seront pas considérés comme prisonniers de guerre : les Marchands pourront disposer de leurs effets. L'armée alliée aura le droit d'achat premier.

X. Les natifs ou habitans des différentes parties de ce pays-ci, à présent dans Yorck ou Glocester, ne seront point punis pour avoir joint l'armée Angloise.

Nota. On peut consentir à cet article, étant entiérement du ressort civil.

XI. On fournira des hôpitaux pour les malades & blessés ; ils seront soignés par leurs propres Chirurgiens sur leurs paroles, & on leur fournira des Médecins & des provisions des hôpitaux Américains. Les magasins des hôpitaux qui sont à présent à Yorck & Glocester, seront délivrés pour l'usage des blessés & malades Anglois : on accordera des passe-ports pour leur procurer des provisions de New-Yorck, selon que l'occasion l'exigera : on fournira des hôpitaux pour les malades & blessés des deux garnisons.

XII. On fournira des chariots pour porter les bagages des Officiers restans avec les Soldats, & du Chirurgien, quand ils seront en marche, pour soigner les blessés : cette dépense sera aux frais du Public.

XIII. Les vaisseaux & les bateaux dans les deux ports, avec toutes leurs provisions, canons & agrès, seront délivrés dans l'état où ils sont à un Officier de la Marine, qui sera appointé pour cela : on débarquera auparavant la propriété des particuliers qui avoient été mis à bord pour leur sûreté pendant le siége.

XIV. On ne violera aucun article de la capitulation, sous prétexte de représailles; s'il y a quelques expressions douteuses, elles seront interprétées selon la forme & teneur ordinaire des mots.

Fait à Yorck, en Virginie, le 18 Octobre 1781.

Signés, Cornwallis, Thomas, Simon.

Le 19, à quatre heures du soir, les Anglois & les Hessois défilerent, drapeaux ployés & tambour battant, entre l'armée Françoise & l'armée Américaine, qui avoient à leur tête le Général Washington & le Comte de Rochambeau : la garnison de Glocester défila devant les troupes de M. de Choisi. Lord Cornwallis prétexta une maladie, pour se dispenser de paroître ; il étoit, dit-on, livré au désespoir. En effet, il perdoit, dans un instant, le fruit des succès de plusieurs années ; il voyoit évanouir la gloire d'une campagne pénible faite dans la Caroline du Nord, pays affreux, presque inhabité, pour venir conquérir la Virginie. Une armée dont il étoit adoré, composée de près de sept mille hommes de troupes d'élite, étoit obligée de rendre les armes à un ennemi aussi méprisé que haï : douze mille fusils, plus de deux cents bouches à feu, & beaucoup de munitions de guerre passoient dans des mains qui alloient en faire usage contre sa Patrie : il sentoit de plus ce qu'étoit pour la Marine la perte de quinze cents Matelots, de soixante bâtimens, d'un vaisseau de 44, de deux frégates, & pour le commerce les productions de la Virginie.

Les deux lignes de l'armée combinée se prolongeoient à plus d'un mille ; les Américains avoient la droite : leur disproportion d'âge, de taille, leurs habillemens sans uniformité, sales, déchirés, faisoient paroître davantage les François, qui, malgré tant de fatigues, avoient toujours un air propre, guerrier, vigoureux. Nous fûmes tous frappés du bon état des troupes Angloises, de leur nombre, & de leur propreté : nous n'en avions supposé guere que trois mille. Cornwallis avoit fait ouvrir aux Soldats les magasins avant la capitulation. Chacun d'eux étoit en habit neuf ; mais cette opulence sembloit les humilier davantage, à côté de la misere des Américains ; ils n'osoient lever les yeux sur leurs vainqueurs : ils déposerent successivement leurs armes dans un lieu convenu : on eut soin d'en éloigner les spectateurs, pour diminuer leur humiliation. Les Officiers Anglois eurent, en revenant, l'honnêteté de saluer jusqu'au moindre Officier François, ce qu'ils ne firent pas même aux Américains du premier grade. Cette haine entre les deux Nations éclata dans plufieurs circonftances : les Anglois reftés à Yorck fans armes , eurent à fouffrir de beaucoup d'Américains , qui vouloient fe venger des brigandages commis dans leurs habitations. J'ai vu la femme d'un Colonel Anglois venir , éplorée , fupplier nos Officiers de lui donner une garde Françoife pour la défendre & fes enfans , de la violence du Soldat Américain. Le lendemain de la capitulation , les Officiers prifonniers vinrent voir nos tranchées , & lorfqu'ils fe préfenterent à celles des Américains , ceux-ci les repoufferent. Dans tout le temps qu'ils refterent à Yorck , on ne leur vit aucune communication avec les Américains , tandis qu'ils vécurent habituellement avec les François, & cherchoient , dans tous les occafions , à leur donner des preuves d'eftime (1).

____

(1) Les papiers Publics ont retenti des éloges donnés aux

J'ai parcouru cette malheureuse petite ville. J'ai trouvé ses riches maisons criblées, prêtes à s'écrouler ; des meubles précieux écrasés sous leurs ruines, ou brisés par l'avide Soldat Anglois ; des cadavres d'hommes & de chevaux à demi couverts ; des membres épars infectoient l'air, portoient l'horreur dans l'ame : des livres amoncelés, semés dans ces ruines, m'ont retracé les mœurs, les goûts de ses habitans : c'étoient des ouvrages de piété & de controverse ; l'Histoire de la Nation Angloise, de leurs établissemens ; des collections de Chartres, de Bills ; les Œuvres du célebre Pope ; la traduction des Essais de Montagne, de Gilblas de Santillane, de l'Essai sur les Femmes, par M. Thomas (1).

François sur la maniere délicate & généreuse avec laquelle ils se sont conduits envers eux. L'Anglois vaincu a toujours eu à se louer des François victorieux. L'Anglois victorieux a-t-il su exciter aussi généralement la reconnoissance du François vaincu ?

(1) Il n'y a presque pas d'endroit en Amérique où je n'aye trouvé ce dernier Ouvrage.

Le syſtême de fortification pour la dé-
fenſe d'Yorck & de Gloceſter, eſt entiérement changé ; on ſe reſſerre , on détruit
les ouvrages Anglois , & on en conſtruit
de nouveaux. L'artillerie de campagne eſt
partie à Williamsburgh, & partie à Yorck ;
la groſſe eſt à Weſt-Point , déſigné ſur
les cartes par le nom de Delhaware ,
place ſituée entre les deux rivieres qui
forment celles d'Yorck. Les troupes ont
commencé le 14 d'entrer dans leur quartier d'hiver. Les régimens de Bourbonnois & de Royal-Deux-Ponts ſont à Williamsburgh, qui eſt le quartier général. Le
régiment de Soiſſonnois & les compagnies des Grenadiers & Chaſſeurs de Saintonge ſont à Yorck ; le reſte du régiment
de Saintonge eſt répandu dans la campagne entre Yorck & Hampton. Ce dernier lieu , ſitué ſur la riviere de James ,
eſt occupé par la légion de Lauzun.

Je ſuis , &c.

LETTRE XII.

D'Yorck, ce 14 Novembre 1781.

CETTE guerre, dont les succès devoient être si douteux, nous offre, Monsieur, deux événemens presque sans exemples dans une même guerre : deux armées faites prisonnieres, ayant à leur tête des Généraux renommés. Qui des deux a montré plus de talens, plus d'activité, a éprouvé de plus grands obstacles, a fait de plus grandes fautes ? Témoin des actions de l'un, environné de personnes qui l'ont été de celles de l'autre, & ayant sous mes yeux des détails sûrs & fideles, je vais hasarder quelques réflexions.

Jetons auparavant un coup-d'œil rapide sur la campagne de Burgoyne ; nous serons plus à même de le comparer avec son *co-infortuné.*

Burgoyne, doué d'un génie actif, entreprenant, animé de l'amour de la gloire,

protégé

protégé de la Cour de Londres , ne manqua d'aucun des moyens qui pouvoient rendre ſes ſuccès brillans. Son armée étoit compoſée de ſept mille cent ſoixante-treize hommes de troupes régulieres , tant Angloiſes qu'Allemandes , non compris le Corps d'Artillerie , & ſept à huit cents hommes aux ordres du Colonel Saint-Léger. On lui choiſit des Officiers d'un mérite reconnu , & on le pourvut d'un train conſidérable d'artillerie , de munitions de toutes eſpeces. Carleton , Gouverneur du Canada , chargé des détails , n'oublia rien de ce qui pouvoit contribuer aux ſuccès de la campagne : les ſervices que ce Gouverneur avoit rendus , la conſervation du Canada qui lui étoit due , la connoiſſance parfaite qu'il avoit du pays , dévoient le faire prétendre au commandement ; il fut aſſez grand pour oublier cette injuſtice (1) ; il traita même avec

____

(1) Il vient d'être nommé Commandant général de l'Amérique Septentrionale , à la place de Clinton. Il faut dans tous les pays du Monde , des malheurs pour faire taire

K

les Nations sauvages (quoique ce fût contre son avis), & en obtint un corps considérable de troupes. L'humeur inconstante, capricieuse , intraitable de ces peuples , leurs mœurs barbares & sanguinaires, leur avidité pour le pillage , leur peu de bonne foi à remplir leurs engagemens, n'empêcherent pas les Anglois d'en vouloir faire les compagnons de leurs conquêtes. Burgoyne leur adressa un éloquent discours sur les bords du lac Champlain , pour enflammer leur courage & réprimer leur barbarie. Mais qu'attendre de l'éloquence sur des hommes qui ne connoissent pas même les noms d'équité & d'humanité (1)!

---

l'intrigue & rendre une justice impartiale au mérite ; trop souvent c'est quand il n'est plus temps d'en profiter qu'on y a recours.

(1) Ces Sauvages, divisés en plusieurs tribus, ont des mœurs plus ou moins barbares ; plusieurs enlevent le péricrâne des ennemis qu'ils prennent à la guerre, portent leurs chevelures en triomphe , boivent leur sang. On a reproché aux Espagnols leurs cruautés contre ceux des pays

Les commencemens de Burgoyne furent
des plus heureux devant Ticondérago,

dont ils se font emparés : il paroît qu'on auroit aussi des
reproches de ce genre à faire aux Colonies Angloises. Ce
discours que m'a communiqué un Professeur de Williamsburgh, dont voici la traduction, en est un monument. Il
montre en même temps avec quelle mâle énergie ces Sauvages savent s'exprimer:

*Discours prononcé par le Sauvage Lonan, dans une
assemblée générale, envoyé à M. le Gouverneur de
Virginie, le 11 Net [*] 1754.*

» LONAN ne s'opposera jamais à faire la paix qu'on
» propose avec les Hommes blancs [**]. Vous savez qu'il
» ne connut jamais la crainte, & qu'il n'a jamais fui dans
» les combats. Personne n'aime plus que moi les Hommes
» blancs. La guerre que nous venons d'avoir avec eux,
» a été longue & cruelle des deux côtés. Des ruisseaux de
» sang ont coulé de toutes parts, sans qu'il en soit résulté
» aucun bien pour personne. Je le répete, faisons la paix
» avec ces hommes ; j'oublie leurs injures, l'intérêt de mon
» pays l'exige ; j'oublie encore que, naguere, le Major.....
» fit massacrer impitoyablement, dans un bateau, ma
» femme, mes enfans, mon pere, ma mere, & tous
» mes parens. L'on m'excita à la vengeance,..... je fus
» cruel malgré moi...... Je mourrai content si ma Patrie
» est en paix : mais quand Lonan ne sera plus, qui est-ce
» qui versera pour lui une larme « ?

[*] Ce mot signifie apparemment le mois Lunaire ou Solaire.
[**] Les Européens.

K ij

Cette place, bâtie par les François en 1756, est située à l'Ouest, vers le détroit qui communique les eaux du lac George à celles du lac Champlain, sur une pointe hérissée de rochers, environnée d'eau de trois côtés. La partie qui tient à la Terre Ferme, est ou couverte d'un profond marais, ou défendue par les anciennes lignes Françoises. Les Américains y avoient ajouté beaucoup de travaux & plusieurs fortifications appelées parmi eux *Block-Houfe* : ils avoient aussi fortifié le sommet & le pied d'une montagne fort élevée, placée de l'autre côté à l'Est : elle s'appelle le *Mont d'Indépendance*. De plus, ils avoient su, avec une hardiesse & une industrie étonnante, joindre ces deux postes par un pont jeté sur le détroit, soutenu de vingt-deux poteaux d'une très-grosse charpente, longs chacun de cinquante pieds, & larges de douze, liés de crampons de fer & de grosses chaînes.

Le lac Champlain étoit, du côté

du pont, défendu par une barre composée de poutres liées également avec
des chaînes. Ils avoient par-là non seulement établi une communication entre
les deux postes, mais ôté tout accès par
eau du côté du Nord.

Quoique Ticondérago soit élevé, il
est cependant dominé par une autre montagne appelée *Sugar-Hill* (1). Les Américains avoient délibéré s'ils la fortifie-
roient ; mais ils jugerent leurs travaux
déjà trop étendus d'après leurs moyens de
défenses : ils espérerent que la difficulté
de son accès, l'inégalité de ses rochers
empêcheroient l'ennemi de profiter de sa
situation.

L'armée Royale s'avança avec précaution sur les deux côtés du lac, ayant à son
centre la flotte qui mouilla à la portée de
canon de l'ennemi. A l'approche de l'aile
droite, les Américains abandonnerent ,

---

(1) *Montagne de sucre*, parce qu'elle a la forme d'un
pain de sucre.

K iij

au grand étonnement des Royalistes, leurs travaux du côté du lac George, & y mirent le feu. Le Major Général Phillips prit poſſeſſion du poſte avantageux de la montagne Hope, qui, outre qu'elle commandoit leurs lignes, coupoit leurs communications avec le lac : ils montrerent auſſi peu de courage dans tous les poſtes de ce côté.

L'armée s'avança avec la même célérité de l'autre côté, & inveſtit bientôt tous les travaux. Les avantages que préſenta Sugar-Hill, déciderent à y établir des redoutes. Les routes qu'il fallut pratiquer ſur un plan incliné & eſcarpé, n'empêcherent pas le Major Phillips de les mettre promptement en état.

Les Généraux Américains tinrent alors Conſeil de guerre ; & ſur ce que les ouvriers n'étoient pas de moitié ſuffiſans, que les travaux ſe multiplioient lorſque les bras diminuoient, que la place alloit être inveſtie avant vingt-quatre heures, il fut unanimement décidé de l'évacuer ,

ce qui fut exécuté. On leur a reproché :
» Que si leurs forces n'étoient pas suffi-
» santes pour la défendre , pourquoi ne
» ne retirerent - ils pas leurs troupes ,
» leur artillerie , leurs magasins , & ne
» démolirent - ils pas leurs fortifications
» avant l'arrivée de l'ennemi? Pourquoi
» attendirent - ils à être enveloppés , au
» point que leur retraite devint beaucoup
» plus préjudiciable qu'une capitulation ,
» sous des conditions proposables , &
» moins destructives que si les fortifica-
» tions avoient été emportées d'assaut « ?
Ils embarquerent leurs bagages , leur
artillerie & leurs provisions sur un na-
vire , & plus de deux cents bateaux , es-
cortés par cinq galeres, dirigerent leur
route vers Skenesborough , & l'armée
marcha du côté de Castle-Town.

Les Royalistes s'apperçurent , dès le
matin , de la fuite précipitée des Américains ; ils prirent possession des fortifications & du pont. Cette masse énorme
qui avoit couté vingt mois de travail, fut

coupée en moins de temps qu'il n'en auroit fallu pour la décrire. Dès cinq heures
du matin, les frégates la Royale-George,
l'Inflexible eurent les paſſages libres, &
Burgoyne auſſi-tôt pourſuivit l'ennemi par
eau, tandis que les troupes étoient déjà
en marche. Burgoyne l'atteignit près la
chute de Skenesborough : il prit deux
galeres, les trois autres ſauterent. Les
Américains ſe livrant alors à leur déſeſ-
poir, mirent le feu à leurs bateaux, à
leurs moulins, à leurs fortifications, &
ſe ſauverent dans les bois, deſtitués de tous
ſecours.

La confuſion & le trouble régnoient
auſſi du côté de la gauche ; les Soldats
n'écoutoient plus la voix de leurs Chefs.
Le Brigadier Frazer joignit l'arriere-garde
avec des troupes très-inférieures, les at-
taqua en attendant le Général Reiſdel.
Les Américains ſe défendirent d'abord ;
mais à l'arrivée de celui-ci, ils prirent
la fuite après avoir perdu beaucoup de
monde, & le Colonel Francis leur Com-

mandant, un des plus braves Officiers
de leur parti. Le Général Saint - Clair,
commandant l'avant-garde, inftruit de
ces défaftreufes nouvelles, fe jeta dans les
bois, incertain s'il iroit dans la partie
fupérieure du Connecticut, ou vers le
fort Edward. Le Colonel Hill fut détaché
avec le neuvieme régiment de Skenesborough vers le fort Anne : il rencontra
un corps de troupes fix fois, à ce qu'on
dit, plus grand que le fien : il le défit
après trois heures de combat. Les Américains mirent le feu au fort Anne, s'en-
fuirent au fort Edward fur la riviere
d'Hudfon (1).

Saint - Clair arriva au fort Edward,
commandé par le Général Schuyler, avec
le refte de fon armée, après fept jours
de marche, dans l'état le plus déplorable,
ayant eu à fouffrir tout ce qu'on imagine,
par la mauvaife qualité des eaux, le
manque d'habits & de provifions : il y fut

____

(1) C'eft la même que celle du Nord.

joint par d'autres fugitifs également accablés de fatigue & découragés.

Bourgoyne se mit en marche de Skenesborough, pour aller au fort Edward : sa marche fut pénible, quoiqu'il n'y eût pas très-loin : mais le pays est si sauvage, si désert, si coupé de marais, de ruisseaux, & l'ennemi avoit tellement augmenté ces difficultés par de grands abattis, qu'il est impossible de concevoir ce qu'il eut à souffrir : il eut près de quarante ponts ou chaussées à construire ; un d'eux, fait de tronc d'arbre, eut plus d'un mille de longueur. Il auroit pu, il est vrai, éviter ces grands travaux, en prenant sa route par Ticondérago ; mais il craignit qu'un mouvement rétrograde ne donnât aux Américains le temps de revenir de leur abattement, & ne ralentît l'ardeur de ses troupes.

Il est bon d'observer qu'au milieu de ces désastres & de cette terreur générale, aucun canton de l'Amérique n'en parut cependant plus disposé à la moindre foumiffion. Le danger n'abattit pas même les Provinces les plus expofées ; elles agirent, ainfi que le Congrès, avec la plus grande vigueur, pour repouffer l'ennemi. On envoya Arnold à l'armée du Nord, avec un train d'artillerie que lui donna Washington. A fon arrivée, il plaça les troupes de Saratoga à Still-Water, afin d'être plus à portée d'arrêter les progrès du Colonel Saint-Léger, qui s'étoit avancé vers la riviere Mohawk. Ses troupes eurent continuellement à fouffrir des Sauvages ; les efforts de Burgoyne ne pouvoient même réprimer leur cruauté ; amis comme ennemis en étoient la victime. Le meurtre de Miff Crea remplit tous les cœurs d'horreur ; elle étoit alors dans l'innocence de la jeuneffe & dans la fleur de la beauté : fon pere tenoit au parti Royal, & le jour même où elle fut la victime de leur barbarie, elle avoit pris pour époux un Officier Anglois.

Des fcenes fi affreufes irriterent le peuple, augmenterent leur haine contre un Gouvernement capable d'accepter de tels fecours, plus difpofés à détruire qu'à fubjuguer des hommes qu'ils réclamoient comme fujets.

Ce ne furent plus les droits de la Patrie que les Américains fe crurent obligés de défendre, ce furent auffi ceux de la Nature. Chaque Habitant devint Soldat, & quand leurs forces régulieres femblerent anéanties, le défefpoir en répandit de plus nombreufes, de plus formidables, dans les bois, fur les montagnes, autour des marais.

L'armée de Burgoyne commença alors d'éprouver des difficultés dans le voifinage du fort Edward; elles augmenterent à mefure qu'elle s'avança. Pendant quinze jours, elle fut occupée à amener des bateaux & des provifions du fort George à la riviere d'Hudfon, à une diftance de plus de dix-huit milles. Ce travail exceffif ne put produire l'équivalent de l'emploi du temps & de la confommation : il ne put recevoir un tiers des chevaux qu'on lui envoya du Canada, à cause de la longueur de la route, de la multitude des paſſages par eau, & il ne put avec cela ramener cinquante paires de bœufs ; des pluies exceſſives augmenterent encore ces obſtacles. Il ſe trouva ainſi dans l'impoſſibilité d'établir des magaſins pour continuer ſes opérations.

Il apprit que le Colonel Saint-Léger étoit arrivé & dirigeoit ſes vûes contre le fort Stanwix ; il jugea, avec raiſon, qu'en ſe portant rapidement en avant, il réuſſiroit à placer l'ennemi entre deux feux, s'il oſoit s'avancer ſur le Mohawk, en cas que Saint-Léger eût du ſuccès dans ſon attaque ; ou bien il forceroit l'ennemi à reculer & à chercher une retraite plus éloignée, ce qui lui auroit par conſéquent ouvert la contrée de Mohawk, & donné les moyens d'exécuter ſa jonction.

Quelque juſte que fût ce plan, il ne put l'exécuter faute de proviſions pour former une ſi longue chaîne de poſtes avec le fort George, & parce que l'ennemi avoit un corps de troupes auprès de *White-Creek* fuffifant pour la rompre.

Il abandonna ce projet, & s'occupa des moyens de furprendre Benington où les Américains avoient dépofé une grande quantité de blés & de bétail. Benington eft fitué entre les bras de la riviere *Hoofik*, à environ vingt milles de l'Eft d'Hudfon, place peu importante, & in= capable, par fa fituation, de le devenir fans la révolution. Il confia cette expé= dition au Colonel Beaum, Allemand, lui donna cinq cents hommes & deux pieces d'artillerie. Afin d'être plus à portée de profiter de ces avantages, il vint fe cam= per à l'oppofé de Saratoga, & jeta un pont de bateau, où il fit paffer les corps avancés. Pendant ce temps, le corps du Colonel Breyman, compofé d'infanterie légere, s'étoit pofté à *Baltenkill*, dans l'intention, s'il étoit néceffaire, d'appuyer le Colonel Beaum. Ce dernier tomba dans fa marche fur un petit convoi enne= mi qu'il enleva. Mais le manque de che=

vaux & de voitures rendit sa marche si
fatigante & si longue, que les Américains furent informés de son dessein, &
eurent le temps de se préparer à le recevoir. Le Colonel ayant appris, à l'approche de la place, que ses forces n'é-
toient pas suffisantes pour faire l'attaque,
se posta favorablement, & envoya un exprès au Général. Breyman eut ordre aussi-
tôt d'aller renforcer le Colonel Beaum ;
sa marche fut longue & pénible ; il eut
à souffrir de la mauvaise qualité des eaux,
des chemins, du manque de chevaux &
de voiture, & une pluie considérable la
rendit encore plus malheureuse.

Le Général Starke, qui commandoit la
milice à Benington, prévint leur jonction.
Il alla, le 16 Août, attaquer le Colonel
Beaum : celui-ci le prit d'abord pour le
secours qu'il attendoit ; il fit une défense
des plus braves : mais ses petits ouvrages
étant forcés de tous côtés, les Indiens,
les troupes Provinciales & Angloises s'é-
chappèrent dans les bois ; il ne resta

que fes Allemands , qui , ayant confumé leur poudre , chargerent l'ennemi le fabre à la main , & furent enfin forcés de fe rendre prifonniers après avoir vu leur Colonel fuccomber.

Breyman arriva peu de temps après cette action , fans en avoir été inftruit : au lieu d'amis , il fe vit tout à coup environné de troupes Américaines. La fatigue & l'épuifement de fes troupes ne les empêcha pas de faire une vigoureufe réfiftance. Il chaffa l'ennemi de deux ou trois éminences ; il fut à la fin furmonté , ayant auffi ufé toutes fes munitions , fit fa retraite fort difficilement , laiffant deux pieces d'artillerie. La perte, dans ces deux affaires , monta à cinq ou fix cents hommes. La fortune fe montroit, pour la premiere fois, favorable aux Américains dans la guerre du Nord depuis la mort du Général Montgommery. Les Milices fentirent qu'elles pouvoient vaincre des forces régulieres ; opinion de plus de

conféquence

conséquence que la perte d'une grande bataille dans d'autres occasions.

Saint-Léger eut d'abord quelque succès dans le siége de Stanwix : le Général Harkimer vint à la tête de neuf cents hommes de milice du pays, pour défendre & ravitailler le fort. Saint-Léger, craignant d'être attaqué dans ses retranchemens, envoya en embuscade quelques troupes régulieres & sauvages. Les Milices, chose inconcevable dans un pays où ce genre de guerre est ordinaire, y donnerent aveuglément : elles y perdirent beaucoup de monde & ne se rallierent qu'avec infiniment de peine. Le Gouverneur, instruit de ce qui se passoit, accourut pour faire diversion, pénétra dans le camp, le pilla, en apporta beaucoup d'objets dont il manquoit, & fit quelques prisonniers. Le Colonel Saint-Léger ne négligea rien d'après sa victoire, pour engager les assiégés à se rendre. Le Gouverneur fut sourd à ses menaces

L

comme à ſes promeſſes. Les Indiens n'avoient pas rapporté de ce dernier combat le butin dont on les avoit flattés; ils avoient perdu pluſieurs de leurs Chefs, renommés pour leur bravoure : ils apprirent qu'Arnold venoit au ſecours de la place avec mille hommes, & que Burgoyne avoit eu des échecs : leur mécontentement & leur humeur ſe porterent alors aux derniers excès. Malgré ce qu'on put faire pour les calmer & les retenir, ils décamperent après avoir volé les Officiers, pillé les magaſins, égorgé & dépouillé de leurs armes les Soldats, & forcerent ainſi le Colonel Saint-Léger à lever le ſiége à la hâte, en laiſſant une partie de ſes bagages. Cette derniere nouvelle mit le comble à la joie & à la confiance des Américains. Ganſevort & Wellet, qui avoient défendu la place, furent mis, avec le Général Starque & le Colonel Warner, au nombre des ſauveurs de la Patrie.

Burgoyne , tirant toujours avec beaucoup de peine des provifions du fort
George, paffa la riviere d'Hudfon vers
le milieu de Septembre, l'ennemi étant
alors dans le voifinage de Still-Water. Le
Miniftere & le Parlement ont examiné
fi cette démarche étoit néceffaire & faite
à temps ; il ne paroît pas qu'on ait fait
aucun raifonnement valable contre : il
paroît que Burgoyne y avoit été décidé
non feulement par les circonftances, mais
par fes inftructions de la Cour. Il s'a-
vança enfuite par des routes couvertes
& peu pratiquées le long de la riviere ,
du côté de l'ennemi , n'en étant plus
féparé que par un bois peu épais. Il fe
mit à la tête de la ligne Angloife qui
compofoit l'aile droite. Cette aile étoit
couverte par le Général Frafer & le Colonel Breyman , avec les Grenadiers &
l'Infanterie légere efcortés des Indiens ,
des Provinciaux & des Canadiens : l'aile
gauche & l'artillerie commandées par le

L ij

Major Philipps & Reidfel fuivirent du côté de la riviere.

Les Américains fe préfenterent en force, pour attaquer le flanc de la ligne des Anglois. Ceux-ci ne furent pas peu furpris de la hardieffe avec laquelle les ennemis commencerent l'attaque, de la vigueur, de l'opiniâtreté avec laquelle ils la foutinrent depuis trois heures du foir jufqu'au foleil couché. Le Général Arnold mena fes troupes, & chercha le danger avec une ardeur & une intrépidité qui, quoiqu'ordinaires à fon caractere, ne s'étoient jamais mieux montrées : les Américains furent fans ceffe renforcés par de nouvelles troupes, pendant que du côté des Anglois, le poids de l'action porta prefque toujours fur les mêmes.

Le Major Général Philipps, au bruit du premier feu, dirigea fa route, avec une partie de l'artillerie, à travers un canton de bois du plus difficile accès. Son arrivée, dans le moment le plus critique, fauva l'armée; elle refta maîtreffe du champ de bataille. Cette victoire ne fut qu'honorable; elle leur apprit que les Américains devenoient capables, non feulement de fe défendre dans des retran-chemens & derriere des murs, mais en plein champ, à découvert, & pendant un long efpace de temps. Les Anglois refterent toute la nuit fous les armes; ils s'avancerent, au point du jour, à la portée du canon de l'ennemi, fortifiant leurs ailes & étendant leur gauche du côté de la riviere; ils trouverent l'ennemi trop bien fortifié pour ofer l'infulter.

Les peines qu'avoit effuyées l'armée, la perfpective fâcheufe qu'elle entrevoyoit, firent perdre aux Indiens les efpérances dont ils s'étoient flattés; il ne fut plus poffible d'en tirer aucun fecours; ils devinrent intraitables, & fur quelques plaintes du Général, ils abandonnerent l'armée dans le moment le plus preffant. Cette défertion en entraîna d'autres dans les

troupes Canadiennes , Provinciales &
Angloises.

Burgoyne avoit encore l'espérance d'être
secouru par l'armée de New-Yorck ; il
reçut , avec beaucoup de peine , une
lettre en chiffre de Clinton , l'informant
qu'il se préparoit à faire une diversion
sur la riviere du Nord , en attaquant le
fort Montgommeri & quelques autres
forteresses voisines : il lui envoya , pour
le presser, un état de sa situation , l'informant que ses provisions ne pouvoient
aller au delà du 12 du mois suivant.

L'armée de Gates s'augmentant de jour
en jour , le mit dans la nécessité de se
fortifier avec plus de soin & de multiplier ses gardes , ce qui ajoutoit à ses
fatigues & affoiblissoit ses troupes : les
succès des milices les rendit plus entre-
prenantes ; celles du New-Hampsire &
du Haut-Connecticut , commandées par
le Général Lincoln , recouvrerent Ticondérago , le *Mont-Indépendance* , se ren=

dirent maîtres du lac George, & couperent ainsi à Burgoyne toute communication avec le Canada.

Burgoyne réduit, au commencement d'Octobre, à diminuer les rations, voulut, à quelque prix que ce fût, se faire un passage. Il choisit, pour cet effet, l'élite de ses troupes & ce qu'il avoit d'Officiers les plus braves & les plus expérimentés. Les Américains s'appercevant de ce dessein, vinrent eux-mêmes l'attaquer. Les Anglois succomberent sous le nombre; ils furent forcés de se retirer dans leurs lignes : Arnold les y poursuivit avec son impétuosité ordinaire, & les auroit infailliblement forcés, s'il n'avoit été blessé.

Le Colonel Breyman, qui commandoit un corps de réserve Allemand, fut encore plus malheureux; il fut forcé dans son camp, ses bagages pillés, son canon pris, & périt dans l'action. Les Anglois perdirent dans cette journée une partie de leurs plus braves gens; rien n'égaloit

L iv

leur détreffe & leur malheur ; ils s'oc-
cuperent toute la nuit à changer leur pofition, afin de forcer l'ennemi à changer
auffi la fienne. Ce travail fe fit avec un
filence & une activité incroyables : au
point du jour, l'armée préfenta le combat
aux Américains, qui l'éviterent, penfant,
avec raifon, qu'il valoit mieux fatiguer &
harceler un ennemi courageux & défef-
péré, que de s'expofer à une action décifive.
Le Général Anglois apprit que l'ennemi
avoit envoyé un corps confidérable en
avant, pour l'envelopper entiérement. Il
prit toutes les mefures poffibles, afin de
le prévenir ; il fe mit en marche la nuit
du 9 Octobre, ayant abandonné fes bleffés
& fes malades : les foins particuliers qu'en
prit le Général Gates, ont été loués même
des Anglois. Une pluie confidérable qui
dura toure la nuit, rendit fa marche fort
lente ; il trouva au jour les Américains
poftés & fortifiés fur les hauteurs. Il fe
décida enfin à marcher vers le fort Edward ;

mais les travailleurs des chemins ayant
été repouſſés, & le bord oppoſé de la
riviere étant garni d'Américains, on tint
Conſeil; on ne vit d'autres moyens, pour
gagner ce fort, qu'une marche de nuit,
les troupes portant leurs proviſions ſur
leur dos. Pendant qu'on ſe préparoit à
exécuter un parti ſi déſolant, on apprit
que l'ennemi avoit déjà pourvu, par tous
les moyens poſſibles, à une fuite.

Rien de plus déplorable que la ſituation de l'armée; accablée par une longue
ſuite de travaux, de marches & d'actions,
abandonnée par les Indiens dans le moment le plus urgent, affoiblie par la dé-
ſertion, abattue, découragée par la ti-
midité des Canadiens & des troupes Provinciales, leurs corps réguliers réduits, par
des pertes répétées, au nombre de trois
mille cinq cents, leurs plus braves Officiers tués, forcée d'être continuellement
ſous les armes, harcelée jour & nuit par
un ennemi qui ſe reproduiſoit de tous

côtés, ayant perdu toute espérance de secours, & n'ayant que pour trois jours de vivres, elle n'eut plus d'autres ressources que de traiter avec l'ennemi. Le Général, voulant, dans une affaire qui regardoit tous les individus de l'armée, avoir leurs avis autant qu'il étoit possible, tint Conseil, y appela non seulement les Généraux & les Officiers de l'Etat Major, mais tous les Capitaines commandans : ils opinerent unanimement de traiter avec le Général Gates ; les Anglois rendent à celui-ci la justice de n'avoir donné, dans une position si heureuse, aucune marque d'arrogance.

Les articles principaux furent, que l'armée sortiroit du camp avec tous les honneurs de la guerre & avec son artillerie, jusqu'au lieu fixé, où elle déposeroit ses armes ; qu'on lui accorderoit un passage de Boston en Europe, à condition de ne pas servir en Amérique pendant la guerre présente.

On fait monter cette perte, depuis le 6 Juillet jusqu'à la capitulation, à près de dix mille hommes.

La grande faute de Burgoyne, celle qui prépara tous ses malheurs, fut sa marche par le fort Edward; s'il eût pris sa route par Ticondérago, il évitoit sa perte; mais, comme on l'a observé, il craignoit que ce mouvement rétrograde ne ralentît l'ardeur de ses troupes, ne donnât aux Américains le temps de revenir de leur abattement. Un Général est toujours blâmable de s'enfoncer dans des pays inconnus; mais Burgoyne, qui avoit vu les Américains fuir par-tout à son approche, malgré la supériorité du nombre, malgré des retranchemens que la Nature & l'Art sembloient rendre imprenables, devoit-il croire que ces mêmes hommes oseroient ensuite se montrer, le resserrer & le combattre en rase campagne?

Il fallut aux Américains la honte de leurs défaites, de grands malheurs, la crainte encore de plus grands , l'horreur des cruautés des Indiens , pour produire en eux ce changement inattendu : il fallut de plus, contre Burgoyne , que les pluies lui aient sans cesse opposé de nouveaux obstacles , qu'elles aient, sur-tout dans l'affaire de Benington , ralenti la marche du Colonel Breyman , donné au Général Starke le temps d'attaquer & de défaire le Colonel Beaum avant son arrivée ; que les Indiens l'aient abandonné dans le seul moment où ils lui étoient utiles ; que des secours attendus lui aient manqué ; que Clinton, qui avoit la facilité de remonter la riviere d'Hudson , apportât trop de lenteur à faire cette diversion. Tout ce que le génie , l'activité , le courage purent suggérer , fut mis en œuvre par Burgoyne ; marches savantes , positions avantageuses , & combats opiniâtres. Mais les Américains , ranimés par l'espérance , étoient devenus de jour en jour plus nombreux & plus agissans,

Lord Cornwallis avoit en tête des en-nemis plus aguerris ou mieux disciplinés ; mais il avoit sur Burgoyne l'avantage d'une longue expérience dans cette guerre, de connoître mieux le pays, d'être pourvu abondamment de vivres, de mu-nitions, de n'avoir pas à lutter contre l'intempérie des temps & des contrées impraticables ; d'avoir d'ailleurs la plus grande confiance des troupes, de s'être ren-du tellement formidable aux ennemis, que Washington paroissoit le seul homme qu'ils pussent lui opposer. Burgoyne eut toujours ou des adversaires fortement retranchés, ou infiniment plus nombreux. Cornwallis au contraire, à la tête d'une armée d'au moins huit mille hommes de troupes d'élite, supérieur d'abord à des ennemis dispersés, ne sut pas attaquer M. le Marquis de la Fayette, qui n'en avoit pas deux mille, empêcher la descente des trois mille hommes aux ordres de M. de Saint-Simon, prévenir leur jonction avec M. le Marquis de la Fayette ; en marchant à eux dans le moment de leurs defcentes, il les trouvoit fans avoir encore perfonne pour les inftruire du pays, fans avoir pu débarquer leurs munitions, leurs armes, & fans être retranchés. Cornwallis, fupérieur encore après leur réunion, menacé des armées de Washington & du Comte de Rochambeau, ne devoit-il pas fe hâter, par des marches forcées, d'attaquer, de difperfer les premiers, afin de pouvoir enfuite faire face aux autres (1) ?

Mais fi, d'après les inftructions de Clinton & fes promeffes d'un prompt fecours, il croyoit ne devoir tenter aucune attaque, quelque avantageufe qu'elle

---

(1) Nous ne croyons pas que l'armée de Cornwallis allât à plus de quatre à cinq mille hommes ; il auroit été, fans cette préfomption, très-imprudent de débarquer les troupes de M. de Saint-Simon avant l'arrivée de Washington & de M. le Comte de Rochambeau. Si ce débarquement, malgré cela, avoit été malheureux, on n'auroit pas manqué de le blâmer.

lui parût, il devoit au moins apporter tous ses soins pour retarder & alonger le siége ; car, quels que fussent les secours promis par Clinton, les vents contraires pouvoient les arrêter, & quelques jours de gagnés lui devenoient très-importans : il savoit d'ailleurs que M. de Grasse avoit annoncé ne pouvoir rester long-temps ; en le retardant, c'étoit déranger ses projets, & par conséquent toujours servir sa Patrie. De plus, la saison s'avançant, les pluies auroient rendu le siége plus fatigant pour nos troupes, y auroient peut-être occasionné des maladies dans ce pays, où les eaux & l'air sont moins que sains vers le Nord (1).

Il y a douze milles d'Yorck à Williamsburgh ; cet espace est couvert de bois

____

(1) Cela est d'autant plus probable, que les lignes étant fort étendues, relativement à leur nombre, le service étoit plus répété ; plusieurs Soldats ont été onze nuits sans coucher dans leurs tentes, un plus grand nombre huit & sept, & le reste quatre & cinq.

très-épais : il étoit facile à Cornwallis d'en faire des abattis, & d'embarrasser les chemins de distance en distance ; trois mille esclaves au moins qu'il avoit enlevés des habitations, auroient rendu ce plan de défense encore plus facile. Tous nos Militaires instruits sont convenus que des détachemens & quelques pieces de campagne auroient pu retarder d'un mois l'approche de l'armée aux travaux d'Yorck, & y auroient d'ailleurs tué beaucoup de monde. Les environs de cette ville étoient couverts de maïs ; en les enlevant ou en les brûlant, il forçoit les assiégeans d'en aller chercher au loin pour leurs chevaux, & retardoit par-là les transports de l'artillerie qu'on débarquoit à plusieurs milles du camp.

Cornwallis renfermé une fois à Yorck, y ayant une artillerie assez mal servie, & des travaux construits peu avantageusement, ne pouvoit y faire de sorties, étant trop découvert ; les assiégeans auroient

roient eu le temps de se préparer à le recevoir, & auroient pu même le couper. Ainsi, ne pouvant espérer d'y agir offensivement, il devoit ne s'y retirer qu'à la derniere extrémité.

S'il avoit su tirer ce parti des circonstances, les secours annoncés par Clinton auroient pu le sauver, ou du moins opérer une grande diversion. L'escadre Angloise, composée de vingt-sept ou vingt-huit vaisseaux de ligne, avec quatre mille hommes de troupes de débarquement, parut devant les caps le 26 Octobre, c'est-à-dire sept jours après la capitulation. Celle de M. le Comte de Grasse, composée de trente-six vaisseaux de ligne, étoit alors mouillée en dedans du *Horse-Shoe*, banc de sable sur lequel les vaisseaux de guerre n'ont pour passer qu'un étroit canal du côté de l'Est ; les vents étant alors dans cette partie, l'escadre s'y trouvoit bloquée, & ne pouvoit conséquemment empêcher Clinton d'effectuer son débarquement. Je ne sais

M

ſi la crainte des gros temps avoit fait choiſir ce mouillage ; mais cette grande précaution fut un obſtacle à pourſuivre les Anglois, les vents étoient favorables pour le faire.

Peut-on mettre maintenant en queſtion qui des deux Généraux Anglois s'eſt le mieux conduit ? Burgoyne auroit-il fait moins à Yorck, & Cornwallis auroit-il fait davantage dans les marais avoiſinant le fort Edward (1) ?

Je ſuis, &c.

---

(1) Cornwallis n'a cependant reçu que des applaudiſſemens dans ſa Patrie, & Burgoyne y a eſſuyé des invectives & des pamphlets : il en eſt des réputations comme des fortunes, il y en a de mal acquiſes.

LETTRE XIII.

D'Yorck-Town, ce 15 Novembre 1781.

L'HEUREUX événement où les François ont eu, Monsieur, tant de part, change bien la face des choses : les provinces du Sud, fatiguées, abattues, reprendront courage ; la puissance du Congrès, affoiblie, chancelante, se consolidera, & les préjugés sur notre Nation s'évanouiront. A quel degré de grandeur ne doivent pas bientôt parvenir ces États, occupant plus de six cents lieues du Nord au Sud, pouvant s'étendre beaucoup au delà de l'Est à l'Ouest, sous un ciel pur, où la différence des climats & la fécondité du sol pourront un jour rassembler toutes les productions que les autres peuples ne recueillent qu'en parcourant les mers ; coupés, arrosés de toutes parts de lacs, de fleuves, de rivieres qui établissent, jusque dans les régions les plus reculées, des communications , tandis que dans les autres parties du Monde elles ne font que le fruit tardif des Arts & des pénibles travaux de l'homme ; recélant des mines riches , & fur-tout celles du plus utile de tous les métaux, du fer ? Des côtes où tant de fleuves portent lentement leurs ondes , y font découpées de baies , de havres , de rades & de ports. Des parages abondans pour la pêche, & la proximité du banc de Terre-Neuve, formeront des Marins ; les forêts, les campagnes y donneront des bois, du goudron & du chanvre pour la conftruction.

Tandis que nos villes nous retracent encore , pour la plupart, dans leurs fituations triftes , mal-faines , dans l'enceinte de leurs murs crénelés , de leurs tours formidables , dans leurs édifices ferrés, peu aérés , dans léurs rues tortueufes, fangeufes, les malheurs , l'ignorance & la barbarie de nos peres ; toutes celles de l'Amérique déjà s'élevent pompeufement fur des fites rians, falubres, baignés d'eaux pures, entourées de campagnes fécondes, percées de rues larges, alignées, ornées d'édifices propres, commodes, réguliers.

Si l'Amérique annonce, par fon fol, tant d'avantage fur l'Europe, que ne feront pas ceux de fa légiflation & de fes mœurs? Ces mélanges de coutumes bizarres, in-juftes, contradictoires, de Loix féodales, barbares, compliquées, de légiflation an-tique, avec des ufages modernes, ne fe trouveront pas réunies fous le même Gouvernement, n'occuperont pas, pour les débrouiller, la fagacité des hommes les plus éclairés, n'exigeront pas de nom-breux Tribunaux pour les difcuter, n'y feront pas un dédale dangereux, où le fubtil Plaideur échappera, furprendra fon Adverfaire, où l'avide Praticien dépouil-lera la veuve & l'orphelin (1). L'accufé

____

(1) Je ne prétends pas dire que la légiflation civile des États-Unis de l'Amérique foit actuellement exempte de tous ces inconvéniens : formée fur celle de l'Angleterre, auffi défectueufe au moins que la nôtre, & au milieu des troubles de la révolution, elle n'a pu que rectifier, corriger, & non perfectionner. C'eft dans le calme de la paix que

dans les fers osera élever sa voix, appeler à lui des défenseurs ; & la Loi, lente à ordonner de verser le sang, attendra, pour prononcer, que le coupable ait tout dit.

Un barbare préjugé n'armera point le citoyen contre le citoyen, l'ami contre l'ami, n'exposera point l'opprimé à être victime de l'oppresseur, n'enlevera point à la Patrie d'utiles défenseurs, aux familles, des peres, des époux, des fils, n'y produira point ces monstrueuses contractions qui mettent le Guerrier dans l'affreuse alternative, ou de violer les loix de l'humanité, de sa Religion, de sa Patrie, ou de perdre le fruit de ses services, de ses dangers, de ne plus paroître à ses compatriotes que souillé d'opprobre, d'infamie (1).

---

ces hommes méditatifs, éclairés par l'expérience, parviendront à la débarrasser de tout ce qu'elle peut avoir de confus, d'étranger à leurs mœurs & à leurs climats.

(1) Dans une dispute entre un Officier François & un Officier Américain (c'est la seule qui soit arrivée), le

Des légions d'oiseaux & de quadrupedes
n'y dévasteront point impunément le

premier tira son épée ; l'Américain refusa d'en faire autant,
& trouva plus sûr de se défendre avec sa longue halle-
barde ; il blessa son adversaire. En France, il auroit été
chassé, déshonoré. Washington se contenta de le punir,
non pour s'être battu à armes inégales, mais pour avoir
commis une rixe.

Le duel nous enleve annuellement plusieurs milliers
d'hommes ; perte d'autant plus importante, que des Militaires instruits, accoutumés à la discipline, capables de
supporter les fatigues, sont remplacés par des jeunes gens
inexpérimentés, énervés de débauches, dont le plus grand
nombre succombe. Ce fléau terrible, toujours subsistant,
malgré les efforts de plusieurs regnes, est-il donc impossible
à détruire ? Moins qu'on ne se l'imagine. Qu'on supprime
d'abord les salles d'escrime ; la jeunesse oisive s'y corrompt,
y prend cet esprit querelleur, ce ton spadassin qui en fait le
fléau des sociétés, & qui, le plus souvent, finit par être funeste
à elle-même. Les anciens Chevaliers, que nous qualifions
de barbares & d'ignorans, l'étoient, en ceci, moins que nous.
Ils s'exerçoient, encourageoient un art qui les fortifioit, les
rendoit plus agiles, plus redoutables dans les combats. Mais
quel avantage procure-t-il parmi nous ? Quel service nous
rendroit une armée de Maîtres d'escrime ? Si cet art est inutile
pour la défense de la Patrie, dangereux pour les Citoyens,
pourquoi ne pas le supprimer, le prohiber ? Le sabre est
la seule arme de ce genre, dont les troupes fassent quelquefois usage ; qu'il y ait dans leurs Corps seulement
des Académies pour les y exercer ; que le port de cette

champ du Laboureur, &, comme le Grand, il pourra tendre des filets aux poiſſons des rivieres qui ſerpentent dans ſes prairies.

Le caractere indolent, paſſif de ces peuples ſembleroit, il eſt vrai, faire

------

arme ſoit défendu à tout autre Citoyen, & même, à l'exemple de quelques Nations, au Militaire hors de ſes fonctions. Qu'aucun Officier ne puiſſe être renvoyé de ſon Corps pour avoir refuſé de ſe battre ; que ce lui ſoit même un moyen d'avancement, quand, d'un autre côté, ſa conduite & ſa bravoure ſeront déjà reconnues. L'homme capable de ſacrifier le préjugé au bien de la Patrie, ne mérite-t-il pas ? Que quiconque lui en fera des reproches, ſoit chaſſé ; ou puni, ſi ce n'eſt pas un Militaire ; que tout homme qui aura propoſé un duel, ſoit déshonoré ; que les Chefs ſoient tenus, ſous des punitions très-ſeveres, de ne pas plus ſouffrir de duelliſtes, qu'aujourd'hui ils ſouffrent d'hommes qui ne veulent point ſe battre. Que quand des Officiers ſe ſeront permis des propos, ils ſoient jugés dans le Corps par leurs pairs : ce dernier moyen en impoſera plus au jeune étourdi, qu'un combat où il ſe flatte que ſon agilité & ſon adreſſe lui donneront l'avantage. Les François, pour ne pas ſe battre entre eux, n'en ſeront pas moins braves. Les Gaulois, les Grecs & les Romains ne ſe coupoient pas la gorge pour un mot, & cependant nous valoient bien pour le courage.

Ces moyens ſimples & peu violens opéreroient infail-liblement dans nos mœurs une révolution qui feroit plus d'honneur à notre ſiecle que toutes les découvertes poſſibles.

craindre qu'ils ne parvinffent pas à la puiffance que leur promettent tant d'a-vantages. Mais ce caractere tient à des mœurs, à un climat, à des alimens qui changeront un jour. Une exiftence uni-forme, retirée, qui n'éprouve point les tourmens de l'ambition, qui ne connoît point de grands plaifirs, qui n'eft point expofée à de grands malheurs, qui ne s'eft point fait un befoin de la variété, moins laborieufe que doucement occupée, ne peut avoir cette activité, cette énergie, que des befoins preffans, des paffions impétueufes excitent, entretiennent. Des alimens peu fubftantiels, des boiffons peu fpiritueufes, plutôt diffolvantes que di-geftives; un air imprégné de parties hu-mides par l'évaporation des forêts, doivent néceffairement détendre, relâcher les fibres, donner au fang une circulation plus lente, plus uniforme, rendre par conféquent les fens moins fenfibles, l'ima-gination moins vive, moins animée, le ca-ractere plus froid, moins inquiet. Mais lorfqu'une population plus nombreuse aura abattu ces immenses forêts, que le sol plus soumis à l'action du soleil, que l'air plus libre y sera plus rarefié, que de nouvelles plantations, qu'un grand commerce augmenteront l'usage des liqueurs spiritueuses, que les hommes plus rapprochés se communiqueront davantage, éveilleront, exciteront les passions ; alors les Américains annonceront tout ce qu'ils pourront être.

Que ne nous offrent cependant pas déjà ces établissemens qui ne remontent à guere plus d'un siecle, & dont la politique Angloise, toujours soupçonneuse, toujours tyrannique, a étouffé l'industrie, s'est rendue maîtresse du commerce !

Des routes larges & applanies traversent leurs immenses forêts ; des édifices vastes & somptueux ont été élevés pour rassembler les Représentans des Etats, pour donner un asile aux Défenseurs de la Patrie, pour élever, instruire les jeunes Citoyens : ceux-ci, dotés de riches conces-

fions , font ornés de bibliotheques diri-
gées par d'habiles Maîtres, appelés des
différentes parties de l'Europe : des chantiers établis de toutes parts fur leurs ports,
les ont rendus les rivaux des meilleurs
Conftructeurs de l'ancien Monde : l'ex-
ploitation de plufieurs mines, & particuliérement une fonderie de canon, ne le
cedent pas aux nôtres. Si la faftueufe architecture n'a point encore couvert les
rivieres de ces maffes impofantes qui fub-
juguent les flots , uniffent les rives ; leur
induftrie y a fuppléé ; des poutres flot-
tantes, liées de forts anneaux, fe défu-
niffent au gré des Navigateurs , font ,
dans leur mobilité , auffi folides que nos
chef-d'œuvres ; & quand le lit eft trop
profond, une hardie charpente le traverfe
d'un feul jet , appuyée feulement à fes
extrémités ; elle porte fur elle-même fes
autres points d'appui (1). Ticondérago ,

____

(1) Je ne me rappelle pas du nom de la riviere où j'ai
vu ce pont étonnant , qui a fait l'admiration , fur-tout de

dont la prife les couvrit de honte, montra à leurs ennemis étonnés, jufqu'où
alloit ce génie induftrieux. Chaque habi-
tation réunit prefque tous les Arts de
premiere néceffité. La main qui trace des
fillons, fait auffi donner au bois les formes
qu'il lui plaît, préparer des cuirs, extraire
des eaux - de - vie, du fuc des fruits. La
jeune beauté, dont les appas n'ont pas
été hâlés, flétris par les rayons brûlans du
foleil, fur qui la pâle mifere n'a pas im-
primé fes finiftres traces, fait y filer la
laine, le coton, le lin, & en faire des
tiffus. Des conducteurs placés de toutes
parts fur les édifices, les y préfervent
des funeftes effets de la foudre, &, en
éternifant la mémoire de ce vénérable
Vieillard, l'objet de l'admiration des

---

nos Ingénieurs. Il parut, il y a quelques années, au Palais
Royal, le deffin d'un pont qui devoit n'avoir, fur la Seine,
qu'une feule arche; tous les curieux vinrent le voir : il
m'a femblé que c'étoit la même idée de celui que j'ai vu
en Amérique.

Parifiens (1), y montrent combien ils font difpofés à profiter des découvertes.

Lorfque des Bills attentatoires, oppreffifs vinrent frapper, anéantir leurs priviléges; avec quelle prudence, quelle force, quel courage ne fe réunirent-ils pas pour les défendre ! C'eft là où le fpectateur doit arrêter fes regards pour les juger. Des hommes répandus dans de vaftes contrées, différens par les climats, oppofés par les intérêts & les cultes, forment des affociations qui fe rencontrent dans leurs décifions, comme fi elles étoient concertées. La Grande-Bretagne s'applaudit en vain, dans l'acte d'interdiction du port de Bofton, d'avoir pour toujours intimidé ces provinces, & fait naître parmi elles des diffentions ; leurs plaintes en devinrent plus vives ; le danger commun refferra leurs liens ; les villes maritimes avoifinant Bofton, ne furent point elles-mêmes éblouies des profits

____

(1) Le Docteur Franklin.

immenſes qu'elles s'en promirent. La
petite ville de Salem, où les prérogatives
des Boſtoniens étoient tranſportées, écri-
voit au Gouverneur de la Province :

» Nous ſommes profondément affligés
» de nos calamités publiques, & les
» malheurs qui ſont tombés ſur la tête
» de nos confreres dans la capitale de la
» Province, excitent extraordinairement
» notre commiſération ; nous eſpérons
» que Votre Excellence fera ſes efforts
» pour prévenir les maux accumulés ſur
» le peuple qui eſt dans la détreſſe.
» Quelques-uns imaginent que la fer-
» meture du port de Boſton doit faire
» refluer ici le cours du commerce, & le
» tourner à notre profit : mais la Nature,
» en formant notre havre, lui a refuſé
» les mêmes avantages, & ne lui a pas
» donné les commodités pour qu'il puiſſe
» devenir ſon rival. D'ailleurs, ne per-
» drions-nous pas toute idée de juſtice &
» tous les ſentimens d'humanité, ſi nous
» avions ſeulement la penſée de fondre

» nos richeſſes, & d'élever nos fortunes
» ſur les débris de celles de nos voi-
» ſins, &c. «?

La Virginie décida qu'une attaque faite ſur une Colonie, pour la forcer à ſe ſoumettre à des taxes arbitraires, offenſoit également toutes les autres, les menaçoit de ruiner leurs priviléges. Les déciſions de Rhode-Iſland, où le poids de l'autorité ſe faiſoit ſentir, n'en furent pas moins hardies : celle du Mariland, habitée par de grands propriétaires, les ſurpaſſa encore. Tout le reſte du Continent montra la même fermeté ; par-tout il s'établit des Comités de correſpondance pour un Congrès général.

Ainſi ce Bill d'interdiction, publié, répandu avec profuſion, loin d'avoir jeté la conſternation, avoit eu, dit l'Hiſtorien Anglois, l'effet que les Poëtes attribuent aux torches des Furies, celui d'embraſer tous les lieux où il traverſa.

De nouveaux Bills, ſur le logement des troupes dans la province de Maſſa-

chufet-Bay , mirent le comble à l'indi-
gnation : on ne parla plus que de fermer
les ports , de contribuer pour fecourir les
freres malheureux de Bofton , de tenir un
Congrès général. A Bofton , le Comité
de correfpondance paffa un acte où on
s'obligea , de la maniere la plus folennelle,
en prenant Dieu à témoin , de fufpendre
tout commerce avec la Grande-Bretagne
jufqu'à la révocation de l'interdiction du
port , & de tout ce qui étoit contraire à
fes priviléges ; de ne confommer , de n'a-
cheter aucunes denrées venues depuis le
dernier d'Août ; de rompre tout commerce
avec ceux qui en feroient le cabotage,
de renoncer à toutes liaifons avec ceux
qui refuferoient de foufcrire à cette con-
vention , & de publier leurs noms , pour
les rendre à jamais en horreur. Les Provinces , à l'envi , s'emprefferent d'entrer
dans cette ligue. En vain le Général Gage,
Gouverneur de Maffachufet-Bay , la dé-
clare-t-il , par une proclamation , illégale,
deftructive , contraire à la fidélité due

au

au Roi, tendante à la deſtruction de l'autorité légale du Parlement d'Angleterre,
de la paix, de la sûreté publique ; en vain
y joint-il des menaces, ordonne-t-il aux
Juges de ſaiſir ceux qui la ſouſcriroient,
la défendroient, auroient quelque part à
ſa publication. La Virginie ajouta à ſes
premiers arrêtés, qu'elle n'acheteroit plus
d'eſclaves de l'Afrique, des Antilles ;
qu'elle n'importeroit plus de denrées vers
le premier Novembre, ſi les griefs n'é-
toient redreſſés au 15 d'Août (1775) ; qu'à
cette époque elle n'exporteroit non plus,
ni tabac, ni marchandiſes à la Grande-Bretagne ; que pour y ſuppléer, au lieu de
tabac, elle cultiveroit les choſes de premiere néceſſité, éleveroit, multiplieroit
ſes troupeaux. Le Mariland, les deux
Carolines prirent les mêmes meſures.
A New-Port, on voyoit affiché de toute
part : *S'unir ou mourir*. Les habitans de
la ville de Marblehead, dont le port
étoit le plus à portée de profiter de l'interdiction de Boſton, offrirent à cette

ville généreusement leur port & leurs provisions, proposerent d'être présens aux chargemens, déchargemens des effets, de transiger pour toutes ses affaires, sans exiger les moins frais.

Les chartres donnoient aux Américains le droit de se choisir leurs Représentans. Le Gouverneur Gage reçut de la Cour une liste de trente - neuf Conseillers ; environ trente - quatre accepterent. Le peuple les déclare aussi - tôt ennemis de leur pays, les menace de les traiter de même, les rend incapables d'exercer leurs charges. Les Jurisconsultes de la Province refusent, à l'ouverture des Cours, de prêter serment, de communiquer avec eux. Les Greffiers des Cours firent leurs actes de contrition dans les Papiers publics, pour la publication de la prise de corps contre ces Jurisconsultes, avec promesse de n'y plus retomber, disant qu'ils ne se pardonneroient jamais cette condescendance, quand même leurs compatriotes la leur pardonneroient : on refusoit à ces Conseillers l'entrée des Cours judiciaires ; on les entouroit dès qu'ils paroissoient ; on les poursuivoit jusque dans leurs maisons ; on les força ainsi à se destituer d'eux-mêmes.

L'ancienne Constitution annullée par les actes du Parlement, le peuple rejetant la nouvelle, il n'y avoit plus ni Loix, ni Gouvernement dans la province de Massachuset-Bay. Cependant on n'eut aucun excès, dans cet état d'anarchie, à reprocher à la Nation : tant la force des Loix se fit encore sentir au moment même où tout les anéantissoit !

Le Congrès général, enfin ouvert à Philadelphie le 2 Septembre 1774, manifesta, de la maniere la plus authentique, la plus solennelle, les sentimens, les projets, les ressources de ces Provinces confédérées. Les instructions de leurs Députés portoient l'empreinte du caractere, de la différente façon de penser de chacune d'elles ; mais se rapprochoient

dans les points fondamentaux , & ten-
doient au même état.

Ce Tribunal politique se plaignit d'a-
bord vivement de l'interdiction de Boston,
approuva, loua la conduite de cette Province ; fit continuer les secours qu'on lui
avoit accordés ; annonça que toute l'Amérique seroit toujours prête à les secourir
par tous les moyens possibles ; menaça
de la haine & du mépris public ceux qui
adhéreroient aux derniers actes du Parlement ; recommanda au peuple de Boston
le respect pour leur Gouverneur , les
égards pour les troupes ; leur défendit
des actes d'hostilité , à moins qu'ils n'y
fussent évidemment contraints.

Il se plaignit au Général Gage des
actes oppressifs du Parlement , de la maniere rigoureuse avec laquelle il les faisoit exécuter, des fortifications construites
à Boston , des propriétés particulieres
violées , des désordres commis par les
troupes , de la communication entre la
ville & la campagne interceptée.

Il publia en même temps une déclaration des droits que les Provinces tenoient des loix immuables de la Nature, des principes de la constitution Britannique, de leurs différentes chartres. On ne peut, disoit-il, disposer de nos vies, de nos libertés, de nos propriétés, sans notre consentement ; les Colonies ne les ont cédés à quelque Puissance que ce soit ; leurs ancêtres, lors de leur émigration, jouissoient des immunités de sujets nés Anglois ; ils n'avoient, dans leur émigration, ni cédé, ni perdu ces droits ; ils doivent, en cette qualité, participer au Conseil législatif ; & puisqu'ils ne sont point admis & ne peuvent être représentés dans le Parlement d'Angleterre, ils ont donc le pouvoir législatif dans leurs assemblées Provinciales ; ils ne peuvent donc être taxés arbitrairement ; & s'ils jouissent des mêmes avantages que la Mere-Patrie, ils ne peuvent donc être aussi jugés que par leurs pairs : tous ces priviléges d'ailleurs avoient été confirmés par des chartres royales, reconnues par le Parlement. Il déclaroit, *nemine contradicente*, que si on ne redressoit ces griefs, ils n'importeroient plus aucunes marchandises de la Grande - Bretagne ; il entroit ensuite dans des détails relatifs à la conduite des Commerçans, à l'encouragement des manufactures, & à la consommation des denrées.

Il adressa de plus une pétition à Sa Majesté, un mémoire au peuple de la Grande-Bretagne, une adresse aux Colonies en général, & une autre au Canada.

Dans la pétition à Sa Majesté, il se plaignoit qu'on gardât une armée dans les Colonies en temps de paix, sans leur consentement, qu'on l'employât, & des forces navales, pour exiger des taxes injustes ; que l'autorité du Commandant en chef & du Brigadier général fût devenue absolue dans tout le gouvernement de l'Amérique ; que le Commandant, en temps de paix, fût nommé Gouverneur d'une Colonie ; que des charges d'offices

diſpendieux, oppreſſifs, fuſſent prodigieu-
ſement multipliées ; que les Juges fuſſent
devenus entiérement dépendans de la Cou-
ronne pour leur ſalaire & la durée de leurs
commiſſions ; que les Agens du peuple
fuſſent prohibés, &c. Il n'oublie rien de
ce qui peut caractériſer leur attachement,
leur ſoumiſſion au Souverain, leur amour
& leur vénération pour la Mere-Patrie.
» Nous avons, lui dit-il, hérité de nos
» ancêtres ce ſentiment vif pour la liberté,
» auquel votre illuſtre famille doit elle-
» même l'Empire «. Il le conjure, par
tout ce qu'il y a de plus ſacré, par les
intérêts de l'État, des ſiens, pour la ſû-
reté & la proſpérité des Loix, pour le
bonheur de ſes ſujets, dont il doit être le
pere, de ne pas ſouffrir qu'ils rompiſſent
des liens auſſi chers, dans l'eſpérance incer-
taine d'événemens qui, quoiqu'heureux,
ne pouvoient compenſer des malheurs
inévitables.

Dans le mémoire adreſſé au peuple, il
expoſe les droits dont ils doivent jouir

en qualité d'hommes libres, de Citoyens
& de Colons, le peu d'égards qu'y a eus
le Miniftere, l'attachement qu'ils ont
toujours montré pour la Patrie, les nombreux fervices qu'ils ont rendus dans la
derniere guerre, les taxes dont ils ont
été chargés, follement diffipées par les
favoris de la Cour. Il prouve adroitement
que des fuccès contre eux feroient auffi
dangereux aux libertés de la Grande-Bretagne, qu'à celles de l'Amérique. » L'A-
» mérique une fois fubjuguée, dit-il,
» deviendroit elle-même l'inftrument qui
» aideroit à vous fubjuguer «. Il fonde l'ef-
pérance du rétabliffement de l'harmonie,
de l'amitié & des fentimens fraternels
entre tous les fujets de Sa Majefté, fur
la grandeur & la juftice de la Nation
Britannique, en établiffant un Parlement
fage, indépendant, animé du bien public,
défenfeur des droits violés contre ces Mi-
niftres mal intentionnés.

Ils montrent, dans leur adreffe aux
Canadiens, les ménagemens les plus

adroits , emploient les moyens les plus
conformes au caractere & aux intérêts
de ce peuple : ils établiſſent par la raiſon ,
par les faits , par le témoignage des
Ecrivains les plus célebres , qu'en deve-
nant ſujets Anglois , ils en partageoient
les prérogatives : ils prouvent que l'acte
de Quebec les en dépouilloit , qu'ils n'a-
voient plus d'exiſtence civile , que leurs
propriétés , leurs perſonnes même étoient
devenues ſujettes à la volonté , au caprice
d'un Miniſtere tyrannique. Il leur fait
voir que formant un petit peuple com-
paré avec leurs nombreux & puiſſans
voiſins , il eſt de leur intérêt & de leur
bonheur de les avoir pour amis inviola-
bles , puiſque la Nature avoit uni leurs
contrées , & les ſéparoit de leurs tyrans
par les mers. » La différence des Religions,
» obſerve-t-il, ne peut être un obſtacle ;
» elle exiſte dans les cantons Suiſſes ;
» ils n'en ſont pas moins unis «. Il leur
annonce que le vœu des Provinces eſt
de les regarder comme alliés ; que cette

alliance a été décidée unanimement dans leurs affemblées ; que la violation de leurs droits va devenir une infraction aux leurs propres ; qu'ils les invitoient à accéder à une confédération, dont l'objet étoit la sûreté des droits naturels & civils de fes membres.

L'invitation de ce Congrès général fut pour le peuple un code facré, qu'il fe fit un devoir de fuivre rigoureufement : on fe flatta que leurs pétitions & leurs adreffes occafionneroient en Angleterre quelques révolutions favorables ; mais dès qu'on eut appris qu'elles n'avoient eu d'autre effet que de faire défendre l'exportation des armes de la Grande-Bretagne dans la Nouvelle Angleterre, alors on ne garda plus de mefures ; on forma des Corps de milices, on fit des réglemens pour leur difcipline, on s'occupa des moyens d'avoir des armes, on encouragea les moulins, les manufactures pour la préparation & la fabrication des falpêtres, des poudres & des différentes efpeces d'armes.

Plúsieurs Provinces se saisirent même des munitions & des magasins publics. Ainsi, les actes du Parlement, dont la sévérité avoit pour but de ramener la tranquillité dans les Colonies, n'y firent qu'allumer le feu de la dissention.

Tous ces moyens de conciliation épuisés inutilement, de petits actes d'hostilité en annoncerent bientôt de plus grands.

L'Angleterre put voir, avec étonnement, ses Colonies discuter leurs droits avec tant de hardiesse & d'avantage, prendre des mesures si sages, montrer tant de résolution ; mais dut-elle craindre que lorsque des armées formidables se montreroient, elles oseroient se mesurer avec elle ? Des hommes qui n'avoient jamais obéi, livrés aux douceurs de la vie champêtre, élevés dans l'abondance, d'un caractere lent & paisible, que la seule idée du sang humain répandu glaçoit d'horreur (1), pouvoient-ils être capables

______

(1) A l'époque de la révolution, il y avoit plus de vingt ans qu'il ne s'étoit fait d'exécution judiciaire.

(pour combattre une Nation si redoutable à leurs yeux par ses derniers succès) d'abandonner leurs demeures chéries, de se soumettre à une austere subordination, de braver la faim, l'intempérie des temps, de supporter de longs & de pénibles travaux, de donner & de recevoir la mort avec intrépidité ? Pouvoient-ils croire qu'ils oseroient le tenter, quand, sans Chefs expérimentés, sans armes, sans munitions, ils auroient en tête un ennemi belliqueux, savant dans l'art des combats, & abondamment pourvu de tout ce qui favoriseroit ses succès ? Disons-le, l'Angleterre, guidée par sa politique ambitieuse, dut nécessairement croire qu'un petit nombre de troupes suffiroit pour les combattre & les subjuguer; & si ces troupes échouerent, furent vaincues, c'est, dans les révolutions politiques, un phénomene qu'aucun Empire de l'Univers ne nous a offert, & qui peut-être ne se reproduira jamais (1). Ne

____

(1) L'Histoire nous montre, il est vrai, souvent des Provinces secouant le joug d'un grand Empire, des hommes

foyons point étonnés de voir les nouveaux
escadrons Américains tant de fois fuir,
se disperser, s'évanouir à l'approche de
l'ennemi ; mais foyons-le de les voir se
réunir, se remontrer, supporter toujours
avec patience & avec courage la faim &
tous les maux qu'entraînent les guerres.
Plus les fiers Anglois avoient étudié,
observé le génie, les inclinations, les
ressources de leurs Colons, & plus ils
devoient compter sur le succès de leurs
armes ; & le Philosophe instruit devoit
voir que pour consommer cette révolution prédite de nos jours, il falloit plusieurs siecles.

Vous voyez les Américains agissant
plutôt par l'impulsion de la raison que

---

en petit nombre, victorieux de grandes armées ; c'est que
ces révolutions, ces victoires étoient obtenues par des
Peuples belliqueux, dans des temps où la valeur suppléoit
facilement au nombre & à l'art. Mais jamais elle ne nous
a montré des hommes peu guerriers par caractere, man-
quant de moyens & ignorans dans la Science militaire,
devenir victorieux d'une Nation courageufe, instruite, &
féconde en ressources.

par celle du sentiment, aimant plus à méditer qu'à sentir, s'occupant plus des choses utiles que des agréables. Aussi la Législation, la Politique, la Physique, la Mécanique purent y faire des progrès, tandis que les Arts d'agrémens y restoient inconnus; tandis que la Poésie qui, chez toutes les Nations, devança les Sciences, n'y fait point entendre ses sublimes & touchans accords. Les villes, les bourgs, les habitations purent y offrir l'aisance, la salubrité, le bon ordre, mais n'y présenter rien de ce qui n'intéresse, ne recrée que l'imagination : point d'arbres alignés, courbés en berceaux pour y jouir de leurs ombrages ; point de jardins où d'ingénieux compartimens, où l'agréable symétrie, où le mélange heureux des fleurs enivrent les sens , enchantent l'ame ; point de danse, point de fêtes publiques qui peignent leur alégresse, leur bonheur. Comment cependant le patriotisme put-il réunir de tels hommes, les rendre capables de tant d'efforts ? Il a fallu qu'un impôt fur le thé les ait privés tout à coup d'une denrée dont le befoin fe faifoit reffentir à chaque inftant à tous les individus; que l'intolérant Presbytérianifme eût laiffé depuis long-temps des femences de haine, de difcorde entre eux & la Mere-Patrie; que leur commerce trop refferré leur procurât à peine, avec un des plus riches fols du monde, les premiers objets de commodité; que les Gazettes circulant dans toutes les mains, euffent répandu l'alarme de toutes parts, & leur ait montré un avenir affreux. Mais ce moment de crife, comme je vous l'ai remarqué, ne fut pas préludé par des fcènes de violence & de cruauté, il fut calme & réfléchi.

Cette révolution, dont le terme arrive à grands pas, ôte à nos ennemis, des hommes & un commerce qui de jour en jour les auroient rendus plus formidables. Le nôtre en deviendra plus facile, plus étendu; la conftruction y trouvera ce que les nouvelles flottes du Nord lui auroient

rendu plus rare & plus difpendieux. Nos
approvifionnemens de tabacs fe feront par
échange, & non en exportant annuellement un numéraire immenfe. Nos Ifles
auront des bois pour leurs melaffes &
leurs autres productions.

Peut-on craindre, comme on l'a dit
tant de fois, qu'à la premiere apparence
de paix, l'inclination nationale les portât
à fe lier avec la Mere-Patrie, à oublier
nos fervices, à rompre notre alliance?
Il y a trop d'années que l'Angleterre ré-
pand du fang dans ces contrées, & s'y
livre au brigandage. L'Anglois, qui ne
voit dans l'Américain qu'un peuple forti
de la fange de fa Nation, s'accoutu-
meroit-il tout à coup à le traiter d'égal;
& le mépris, ce fentiment plus difficile
à pardonner que la haine, feroit-il fi tôt
excufé par l'Américain ? Le Congrès,
dont l'équité & la fageffe ont toujours
dicté les arrêtés, qui n'offre pas encore
une décifion fautive, flétriroit-il fon honneur, fa gloire par un manque de fidélité

à

à sa premiere alliée? Éleveroit-il ce monument d'opprobre, où toute la Terre
& tous les Siecles liroient : *La France
reconnut la premiere l'indépendance de
l'Amérique, fit avec elle le premier Traité
d'alliance, la secourut de ses munitions,
de ses trésors, la défendit par ses flottes
& ses armées ? L'Amérique ingrate viola
ses sermens, rompit ses liens dès qu'elle
put le faire sans danger.* Quand elle seroit
capable, dans cette guerre, de séparer sa
querelle de la nôtre, de faire sa paix
avant la nôtre, qu'en résulteroit-il pour
nous ? sa puissance ne seroit plus cohé-
rente avec la Grande - Bretagne ; ainsi
notre grand objet seroit rempli. Sa paix
nous épargneroit l'entretien d'une armée
dispendieuse chez elle, & le prêt des
sommes immenses, de munitions considérables pour ses propres troupes.

Il est plus raisonnable de craindre que
la grande consommation de rum, de
sucre, de café ne lui fît un jour attenter
sur nos Isles ; mais leur produit, quelque

O

immenfe qu'il foit, peut - il entrer en
compenfation avec les hommes que leurs
climats meurtriers nous enlevent, avec la
corruption des mœurs qu'elles font refluer en Europe ? C'eft de la population
& des mœurs que dépend la profpérité
des Empires ; tout devroit donc leur être
facrifié. Malheur à vous, ô Américains !
fi l'attrait de ces conquêtes vous féduit
un jour ; les vices qu'elles porteroient dans
votre fein, votre population dont elles fuf-
pendroient les progrès, nous vengeroient
de vos attentats. Mais non, livrés aux doux
foins de féconder vos troupeaux, d'agrandir vos champs, d'embellir vos contrées,
vous n'irez pas, le fer & le feu à la main,
chercher au milieu des mers, fous un ciel
brûlant, d'autres régions ; celles qui vous
avoifinent, vous entourent, s'étendent
au delà de vos défirs, & demandent,
pour ouvrir leurs inépuifables tréfors,
non pas du fang, mais des bras. Leur
heureufe température vous refufera peut-
être ces productions dont le luxe Euro-

péen vous a fait des befoins réels. Vos bois, vos grains, vos pêches, vos falaifons feront toujours plus que fuffifans pour vous les procurer.

Outre que les mœurs & le climat porteront long-temps les Américains à la paix, leur exiftence politique fortifiera encore ces précieux penchans; ils ne feront point environnés de Nations inquietes, ambitieufes, qui les forceront fans ceffe à être fous les armes; ils ne feront pas expofés à de fréquens débats entre eux, quoique formant des corps féparés: leurs droits refpectifs font trop clairement établis & trop généralement reçus, & font trop liés, pour ne pas tendre fans ceffe à réprimer l'oppreffeur. Le befoin, la crainte & l'ignorance ont formé les Nations guerrieres, & notre Europe ne l'a tant été, que parce qu'elle étoit habitée de peuples barbares, étrangers, errans & oppofés dans leurs mœurs, dans leurs préjugés, dans leurs intérêts; elle ne l'eft encore tant aujourd'hui, que par une fuite de

O ij

ces temps de ténebres. La multitude des cultes sera probablement la premiere cause qui fomentera des dissentions entre les Américains, quoiqu'ils leur doivent leur rapide puissance, & qu'ils leur devront encore leur agrandissement : mais avancer que la tolérance peut nuire au bonheur des Etats, c'est, ce vous semble, bien s'éloigner des idées reçues de nos jours.

Tant que les hommes sont isolés, la tolérance n'y est point nuisible, parce que les hommes peu liés entre eux, sont moins exposés à se heurter dans leurs opinions, & sont par conséquent moins de sujets de divisions. Mais quand leurs contrées, plus peuplées, les rapprochent davantage, la communication s'augmente, le choc des opinions devient plus répété, plus vif, plus dangereux ; alors les partis & les factions naissent. Deux Etats florissans, la Hollande & l'Angleterre, subsistent cependant aujourd'hui, en réunissant dans leur sein une foule de cultes ; mais le premier, entiérement livré à des spéculations de

commerce, ne laiſſe à tous ſes membres
que l'ignorance ou l'indifférence ſur tout
ce qui n'eſt pas objet lucratif. La néceſſité d'ailleurs de communiquer avec toutes les Nations, rend le Hollandois moins
difficile pour leurs différences, ſur - tout
d'après l'idée que ſa puiſſance précaire ſe
diſſoudroit bientôt ſans elles. Les mêmes
cauſes influent ſur la Nation Angloiſe,
mais pas autant, parce qu'elle n'eſt pas
auſſi généralement commerçante; que le
peuple, moins laborieux, moins ſpécula-
teur, y eſt plus méditatif, plus raiſon-
neur, plus occupé d'opinions dogmati-
ques : auſſi toutes les Sectes y ſont - elles
rivales, ennemies, & leurs temples y
retentiſſent ſans ceſſe de diatribes ſan-
glantes. Leur haine auroit ſouvent de
funeſtes effets, ſi l'antique grandeur de la
Religion Romaine, qui leur en impoſe
toujours, ne les réuniſſoit toutes contre
cette commune ennemie, & ſi la Puiſſance menaçante de la France ne les occupoit pas preſque toujours.

O iij

Mais l'Amérique, qui sera plus tranquille au dehors, qui ne devra point sa
grandeur, sa puissance à des causes ex-
térieures & momentanées, qui réunira
un jour, comme toutes les régions fécondes, des citoyens opulens, désœuvrés,
raisonnans, sophisticans, aura plus à redouter de la différence des opinions. Déjà
même les écrits, les discours des Ministres
y ont autant pour objet d'attaquer, de
ridiculiser leurs rivaux, que d'édifier leurs
sectaires ; & Philadelphie, le centre du
tolérantisme, a vu des Sectes soutenir
leurs droits par des injures & des coups.
D'autres temps rendront ces combats
dangereux.

Plus les Religions sont éclairées, plus
elles sont intolérantes : le Paganisme sans
principes, sans liaison, souffroit, admet-
toit tous les cultes ; le Judaïsme, plus lié,
plus lumineux, les repoussoit tous ; le
Mahométisme ne l'auroit pas été lui-
même, si son Auteur n'en eût fait spécia-
lement un précepte. Les Sectes du Chris-

tianifme ne le font auffi entre elles qu'à proportion que leurs dogmes ne font pas fixés. La Philofophie, qui tend à unir les hommes, à modérer leurs paffions, doit, il eft vrai, d'abord les porter à la tolérance civile ; mais voulant tout examiner, tout juger, elle doit faire naître enfuite l'intolérance dogmatique, & bientôt après l'intolérance civile, parce que les Loix ne peuvent être long-temps indifférentes fur des objets où le cœur ne l'eft plus.

Ainfi le plus heureux Gouvernement, qui doit efpérer une plus longue profpérité, eft celui qui lie tous les individus à la même croyance, au même culte. La faine politique doit donc tendre fans ceffe à les y ramener : le défir d'augmenter promptement la population, a pu faire enfreindre ce principe. S'il eft démontré qu'un peuple heureux double fa population en moins de vingt ans ; ne feroit-il pas plus fûr, plus glorieux d'avoir recours à ce moyen ? Ce feroit alors travailler tout à la fois pour son siécle & ceux à venir. Des peuples que des Edits de tolérance appellent dans un pays, y acquierent des droits que la Puissance législative ne peut plus blesser sans injustice. Louis XIV, en révoquant l'Edit de Nantes, détruisoit, dans son Empire, le principe des divisions intestines ; c'est peut-être, quoi qu'on en ait dit, ce que sa politique fit de plus utile, non pas de plus juste, parce que des contrats faits avec des Hérétiques, n'en ont pas moins de validité.

Le Chef de la Patrie doit en être aussi le pere ; sa tendresse doit donc chercher à resserrer les liens qui lient sa nombreuse famille. En est-il un plus puissant qu'une Religion qui inspire les mêmes sentimens, prescrit les mêmes devoirs, promet le même sort ? L'homme vertueux, dont les regards se portent sans cesse vers l'éternité, sent ses affections s'augmenter, son cœur s'échauffer, quand il peut espérer d'aimer, de revoir ses amis, ses proches au delà des portes de la vie.

Le spectacle le plus touchant, qui honoreroit le plus l'Univers, seroit celui où toutes les Nations éléveroient à l'Éternel les mêmes temples & lui adresseroient les mêmes hymnes; c'est où la Philosophie, qui embrasse le bonheur de tous les peuples, devroit diriger ses efforts. Mais peut-elle se flatter de préparer cette révolution, tant qu'elle tentera seulement d'ébranler, de détruire tous les cultes? Avant de former cette hardie entreprise, elle auroit dû en présenter un autre, qui eût été appuyé sur de plus solides fondemens, qui eût présenté un plus grand nombre de vérités, qui eût mieux prescrit l'étendue & les limites de la raison, qui eût mieux fait aimer la vertu, craindre le vice, & eût mieux convenu à tous les temps, à tous les lieux, à toutes les conditions, à tous les esprits. En agissant autrement, c'étoit ressembler au Législateur qui, mécontent des Loix d'un peuple, les abrogeroit sans en donner d'autres, au Médecin qui supprimeroit à des malades des alimens peu salutaires sans leur en permettre de meilleurs. Elle devoit jusque-là se borner à les étudier, à examiner leurs titres justificatifs, à marquer ce qu'ils avoient de plus parfait ou de plus défectueux dans leurs usages, dans leurs disciplines, dans leurs dogmes ; à éloigner ces disputes téméraires, qui ne rendent les hommes ni meilleurs, ni plus instruits ; à montrer que la douce persuasion, l'exemple, & non l'impérieuse conviction, ramenent l'homme à la vérité, à la vertu.

Peut-être, à cette Philosophie entreprenante, destructive, en succédera-t-il un jour une plus modérée, plus conciliante. C'est au moment où de nouveaux Empires s'éleveront, où presque tous les peuples commenceront à sentir le besoin de s'éclairer, où, plus liés par le commerce, ils recevront & donneront plus facilement des lumieres, où le génie d'un seul homme, où l'esprit d'un parti n'auront plus la même influence, où les grandes erreurs des Religions seront épuisées, reproduites sous toutes leurs formes possibles, qu'une telle Philosophie pourra commencer de ramener les Nations à cette unité : espérance vaine peut-être, mais dont il est toujours consolant de se flatter !

Je suis, &c.

ROUTE ET CAMPS *qu'a faits l'armée du Comte de* ROCHAMBEAU, *dans le cours de la campagne de 1781.*

DATES.	C A M P S.	DISTANCES.
Juin.	*De Newport dans Rhode-Island.*	*Milles Angl.*
11	à Providence	30
11 au 20	*Séjour.*	
20	à Waterman	15
21	à Plainfield	16
22	à Windham	16
23	à Bolton	16
24	à Easharford	12 $\frac{1}{2}$
25 & 26	*Séjour.*	
27	à Farmington	12 $\frac{1}{2}$
28	à Barons-Tavern	13
29	à Breaknek	13
30	à Newtown	15
Juillet.		
1er	*Séjour.*	
2	à Ridgebury	15
3	à Northcastle	20
4 & 5	*Séjour.*	
6	à Philisbury	22
Août.		
20	à Northcastle	22
		238 *milles.*

DATES.	C A M P S.	DISTANCES.
		Milles Angl.
Août.	*De l'autre part*	238
21	à Crampon	14
22	à Kings-Ferry	18
23 & 24	*Séjour.*	
25	à Stony-Point	5
26	à Sufferency	16
27	à Pompton	14
28	à Wipeny	16
29	*Séjour.*	
30	à Ballions-Tavern	16
31	à Sommerset	17
Septembre.		
1er	à Prince-Town	13
2	à Trenton	12
3	à Lions-Tavern	15
4	à Philadelphie	15
5	*Séjour.*	
6	à Chester	16
7	à Newport	18
8	à Head-Ofelke	18
9	à Susquiniah-Ferry	16
10	à Burk-Tavern	14
11	à White-March	15
12	à Baltimore	12
13, 14 & 15	*Séjour.*	
16	à Spire	16
17	à Coath	18
		552 *milles*

DATES.	CAMPS.	DISTANCES.
		Milles Angl.
Septembre.	*De l'autre part*........	552
18	à Annapolis	8
	Séjour jusqu'au 21 où on a mis à la voile dans la baie de Chésapéack pour arriver à James-Town.	
Octobre.		
25	à James-Town	178
26	à Williamsburgh	6
27	*Séjour.*	
28	devant Yorck............	12
	TOTAL.............	756 *milles.*
	qui font.............	252 *lieues.*
	TOTAL des camps......	39

FIN.

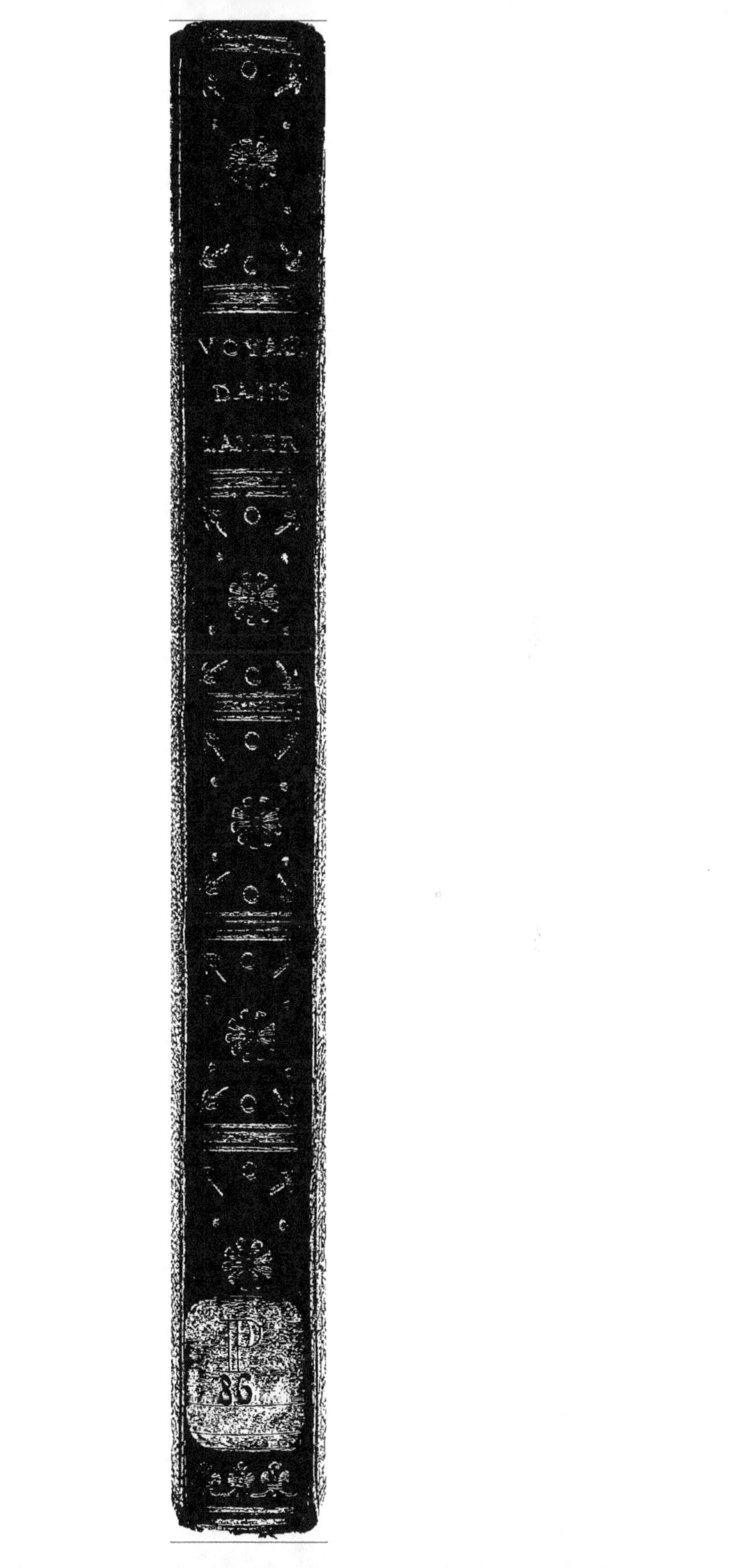

VOYAGE
DANS
L'ASIE
P
86

www.ingramcontent.com/pod-product-compliance
Lightning Source LLC
LaVergne TN
LVHW052153050726
842523LV00017B/315